● 民族文字出版专项资金资助项目

景颇族
目瑙斋瓦 画集

德宏州文化馆　德宏州非物质文化遗产保护中心　编著

德宏民族出版社

图书在版编目(CIP)数据

景颇族目瑙斋瓦画集 / 德宏州文化馆, 德宏州非物

质文化遗产保护中心编著. -- 芒市 : 德宏民族出版社,

2016.5

（德宏非物文化丛书）

ISBN 978-7-5558-0443-7

Ⅰ.①景… Ⅱ.①德… ②德… Ⅲ.①景颇族 – 民族

历史 – 德宏傣族景颇族自治州 – 图集②景颇族 – 民族文化

– 德宏傣族景颇族自治州 – 图集 Ⅳ.①K285.9–64

中国版本图书馆 CIP 数据核字(2016)第 089938 号

书　　　名：景颇族目瑙斋瓦画集
　　　　　　JING PO ZU MU NAO ZHAI WA HUA JI
作　　　者：德宏州文化馆　德宏州非物质文化遗产保护中心　编著

出版·发行　德宏民族出版社		责任编辑　王稼祥　毕 兰	
社　　址　云南省德宏州芒市勇罕街 1 号		责任校对　毕 兰	
邮　　编　678400		封面设计　曹开宝　李 娜	
总编室电话　0692-2124877		发行部电话　0692-2112886	
汉文编室　0692-2111881		民文编室　0692-2113131	
电子邮件　dmpress@163.com		网　　址　www.dmpress.cn	
印 刷 厂　德宏民族出版社印刷厂			

开　本　889mm×1194mm　1/16		版　次　2016 年 6 月第 1 版	
印　张　15		印　次　2016 年 6 月第 1 次	
字　数　113 千字		印　数　1-3000	
书　号　ISBN 978-7-5558-0443-7/K·187		定　价　68.00 元	

如出现印刷、装订错误，请与承印厂联系调换事宜。印刷厂联系电话:0692-2124893

编 委 会

主　　　任：方桄明

副 主 任：王兴全　高庆鹤　杨韬南　杨相国　张福鸾
　　　　　　杨　旻

编　　　委：尹丽君　穆贝玛途　张　旭

收集整理：李向前

绘　　　画：曹开宝

主　　　编：穆贝玛途

副 主 编：张　旭　杨　四　赵　静

编　　　辑：禹力尔　龚自麟　来　蓉　杨绍旺　万小良
　　　　　　刘　莉　徐建芬　龚一麟　朗斯明　韦　杰
　　　　　　保琇茸　金月丹露　邱仕菊　杨　勇　陈智燕
　　　　　　卢秋烨　许　琴　多德勋　马向东　杨　梅
　　　　　　李　春　杨丽彬　樊　波　杨定娴

序 言

穆贝玛道

当一个民族，没有忘记自己的历史、祖先和祖先留下的足迹的时候，这个民族应该是一个健全而幸福的民族。《目瑙斋瓦》是一本景颇族代代口耳相传延续至今的创世史诗，史诗场面宏大，内容丰富，令人神思万千。

《景颇族目瑙斋瓦画集》是根据景颇族文史学者、权威专家，景颇族具有代表性的文化传承人李向前先生收集整理的景颇族创世史诗《目瑙斋瓦》绘集而成的一本画集。《目瑙斋瓦》中的描述，配对的各个神，生出各种各样的事物。所谓的生，是生产和创造两层意思的统称。在本书中，东方的阴阳结合造物观念得到淋漓尽致的体现。不同之处是景颇族创世史诗中的创世者是诸神造物，从能万拉、能斑木占开始，依次出现多位造物神，这在其他民族的史诗中是很难见到的。

《目瑙斋瓦》前几章讲述神灵，中间讲述半人半神的宁贯督打造天地，后面讲述大地上人们的生活。大地上人们的生活更接近"历史"的讲述，可以说弥补了现代人对远古时期人类生活"场景"的认识，拉近了历史跨度间的距离，无疑是一本活的教科书。

《目瑙斋瓦》这部从口头记录下来的景颇族创世史诗，可贵之处在于此书以口耳相传的方式流传，不但在流传中保留了史诗的原貌，而且代代相传延续发展。放眼过去，景颇族从一望无际的大草原出发，历经无数的岁月，向着太阳，追随着鸟类的身影，翻越无数的雪山与江河……太多的往事在时间的推移中被忘却，许多的细节被历史沉淀压缩成了简单的词句。也许有人会问，《目瑙斋瓦》中的故事只有这些吗？我想应该还很多，或许就像景颇族传说中曾经出现过的兽皮文字那样，在迁徙途中、在饥寒交迫中，为了生存煮了吃了。

今天，明白了民族的香火就是延续民族的命脉。民族的就是世界的，现在多元文化的发展中，民族文化应该加强内容、丰富内涵、突出特色、弘扬精髓，让更多的人重新认识民族的文化。这是我们努力的方向，也是我们一代代人的心愿。我们相信，在盛大的目瑙纵歌节日里，景颇人民随着激昂的鼓声，踩着祖先留下的足迹，歌民族、歌古今、歌盛世和未来。

2016年9月

目　录

序 歌

远古,天还没形成,地也没产生,在朦胧和混沌中,阴阳产生了。

远古,阴阳结合,产生了一个皮能帕拉,产生了一个迷能玛木占。

远古,阴阳结合,产生了一个木托拉,产生了一个顶山木占。

远古,阴阳结合,产生了一个木章啦,产生了一个普兰木占。

远古,阴阳结合,产生了一个鸟诗拉,产生了一个鸟卡木占。

远古,阴阳结合,产生了一个涛智拉,产生了一个涛浪木占。

　　远古,阴阳结合,产生了能万拉和能斑木占。在朦胧和混沌里,上有能万拉,下有能斑木占,能万拉向下飘移,落在能斑木占身上。能万拉在摇摆,能斑木占在地下抖动。创造天地的神有了,男神有了,女神有了,就要造天了,就要打地了,万事该出现了,万物该产生了。

第一章 天地的形成

一、能万拉和能斑木占的创造繁衍

　　远古,能万拉的创造,能斑木占的繁衍,生下了像东荣一样的东西,有了空荡荡的一片。又生下了十庹长的绳,有了二十庹长的索,父亲能万拉、母亲能斑木占说:"这是将来全知全能的潘瓦能桑遮瓦能章居住的木兰顶荣地方。十庹长的绳,用来拴住木兰顶荣的地方,二十庹长的索,用来稳固木兰顶荣地方。"生下了十庹长的绳,有了二十庹长的索,木兰顶荣地方拴住了,木兰顶荣地方稳固了。

　　远古,能万拉的创造,能斑木占的繁衍,生下了成卷的东西,有了成捆的物件。父亲能万拉,母亲能斑木占说:"成卷的是十卷圣书,成捆的是二十捆圣典。"能万拉的创造,能斑木占的繁衍,生下了一个,还在娘胎里就长出牙齿会说话,就已经会呼喊的孩子;他一出生,就现出一副威严的面孔,跷着腿,晃着脚,他的名字是自己取的:"我就是看十卷圣书,用二十捆圣典的潘瓦能桑遮瓦能章。"他出生的时候,他看的圣书有了,他用的圣典有了。他翻开圣书,他打开圣典,来到木兰顶荣地方,对父亲和母亲说:"父亲能万拉呀,母亲能斑木占,你们快创造呀,你们快繁衍吧,你们创造的万事,我会按着圣书,指明它们的用处,你们繁衍的万物,我会照着圣典,给它们取下名字。"

　　远古,能万拉的创造,能斑木占的繁衍,生出了脚蹬的竹桩,有了手拉的背带,生下了一个热水槽,生下了一个冷水槽。潘瓦能桑遮瓦能章说:"这是生育时,脚蹬的竹桩,这是分娩时,手拉的背带。热水槽和冷水槽的用处是等将来有了太阳,等将来有了月亮,太阳不够热,月亮不够明,把太阳往热水槽里一淬,把月亮往冷水槽里一浸,太阳就够热了,月亮就够明了。"

　　远古，能万拉的创造，能斑木占的繁衍，有了热辣辣的太阳，有了明晃晃的月亮，有了朦胧的一片，有了圆圆的一团。但不知太阳做什么，也不知道月亮有何用。潘瓦能桑遮瓦能章说："朦胧的是天空，圆圆的是大地。天不稳定不停地摇摆，地不够坚实不停地晃动。让太阳稳定了天，让月亮坚固了地。天稳定了，地坚固了。"

　　远古,能万拉的创造,能斑木占的繁衍,天空出现了,大地形成了;天上没有飞的,地上没有走的;天空感到冷清,大地觉得寂寞。潘瓦能桑遮瓦能章便对父母说:"父亲能万拉呀、母亲能斑木占,创造天上飞的吧!生下地上走的吧!"于是又生下了老鹰、乌鸦、蛇、蟒、虎、豹、象……天上有了飞的,地上有了走的,天空不再感到冷清,大地不再觉得寂寞。天更宽了,地更广了;天还在加宽,地还在扩展;天望不到边了,大地凸起来的是高山,凹下去的是峡谷。有了高山,有了峡谷,千座山望不到边了,万个坝走不到头了。

　　远古，能万拉的创造，能斑木占的繁衍，有了亮光光的一片，有了黑漆漆的一团。亮光光的是白天，他的名字叫瓦曩能退拉；黑漆漆的是黑夜，她的名字叫能星能锐木占。他们将永远相随，他们将永远相伴。瓦曩能退拉说，他要一直亮到底；能星能锐木占说，她要一直黑到头。他们争来抢去，谁也不相让。潘瓦能桑遮瓦能章对他们说："你们不要再争，你们不要再抢，你们就亮一半，黑一半吧！"潘瓦能桑遮瓦能章规定了白天和黑夜，瓦曩能退拉亮一半，能星能锐木占黑一半。从此，世界上有了白天和黑夜。

　　远古,瓦曩能退拉觉得冷清,想要白天的伙伴;能星能锐木占感到寂寞,想要黑夜的朋友。潘瓦能桑遮瓦能章便对父母说:"父亲能万拉呀,母亲能斑木占,创造白天的伙伴吧,生下黑夜的朋友吧!"于是生下了黑蚂蚁、黄蚂蚁、大蚂蚁、细蚂蚁、小蛐蛐、竹蝗,生下了灰蚂蚱、绿蚂蚱,生下了四脚蛇、脆骨蛇,生下了小青蛙、大癞蛤蟆、金钱蛙、大牛蛙,生下了夜鸟、蝙蝠,生下了长尾鸟,生下了猫头鹰,生下了貂鼠,有了穿山甲⋯⋯白天走的归白天,黑夜行的归黑夜。从此,白天有了伙伴,黑夜有了朋友。潘瓦能桑遮瓦能章对父母说:"父亲能万拉呀,母亲能斑木占,停止创造吧,停止繁衍吧,让你们的后代瓦曩能退拉、能星能锐木占接着创造吧,继续繁衍吧!"听了儿子的话,能万拉安息在东方,他在东方发出灵光,所以干天从东方开始;能斑木占安息在西方,她在西方发出灵光,所以雨天从西方来。

二、瓦曩能退拉和能星能锐木占的创造繁衍

　　远古，瓦曩能退拉，接着能万拉创造，能星能锐木占，跟着能斑木占繁衍，生下了一层层硬壳，有了一团团硬块。潘瓦能桑遮瓦能章给它们取了名字，一层层的是石片，一团团的是石块，把一层层石片放到大地上，大地更宽了；把一块块的石块放到大地上，大地更广了。石崖感到太冷清，想要伙伴，大地觉得太寂寞，想要朋友。潘瓦能桑遮瓦能章便对白天和黑夜说："瓦曩能退拉、能星能锐木占呀，给石崖生下伙伴，给大地生下朋友吧！"

　　远古,瓦曩能退拉的创造,能星能锐木占的繁衍,生下了一只凹眼睛窄脸膛的、会叫会跳的黄猴;生下了一只高眉骨短脸膛的灰猴;生下了一只圆眼短脸膛的、一半像人的黑猴。潘瓦能桑遮瓦能章说:"它们就是石崖的伙伴,大地的朋友,等将来有了森林,等将来有了草坪,它们将在森林里玩耍,它们将在草坪上奔跑。"从此,居住在石崖上的有了,生活在大地上的也有了,石崖不再感到冷清,大地不再觉得寂寞。

　　远古,瓦曩能退拉的创造,能星能锐木占的繁衍,生下了平坦的一片,有了椭圆形的一块,生下了高低不平的一片。潘瓦能桑遮瓦能章给它们取了名字,平坦的是繁衍生命的竹笆,椭圆形的是创造万物的石块。将来的生命,会在竹笆上繁衍;将来的万物,会在石块上创造。高低不平的一片上面长满了绿茵茵的东西,是长满了花草的农斋地方,将来的蜂类将生活在这里。

　　远古,瓦曩能退拉的创造,能星能锐木占的繁衍,生下了光出现的东方,那里住着东方男木若神;生下了光消失的方向,那里住着西方女木若神;生下了木江阿苦的地方,有了宽广的高原,有了高耸的山峰。潘瓦能桑遮瓦能章说:"木江阿苦的地方,将来的迷退神(神职人员、预言家)将从这里降生,将到这里归终。宽广的高原,高耸的山峰,是勒木陆酸能藏贡端(巫师去世后灵魂安息的地方),等将来生下德如贡散木干贡潘(传说景颇族的第一个王)时,他将隐藏在这个地方。"

三、勒农拉和勒农木占的创造繁衍

　　远古,瓦曩能退拉的创造,能星能锐木占的繁衍,生下了一对伙伴,雄的叫勒农拉,他是百鸟的父神;雌的叫勒农木占,她是百鸟的母神。接着勒农拉的创造,勒农木占的繁衍,生下了勒农省瓦鸟、农鸠郭腊鸟、犀鸟、白凡鸡、孔雀、乌歌鸟、乌卓鸟、阶坎鸟、乌干鸟、斑鸠、登夏日奔鸡、竹鸡……各种鸟生下了,各类鸟都有了。潘瓦能桑遮瓦能章说:"等将来有了新的天,等将来有了新的地,就让它们飞向天空,就让它们扒平大地。"

　　远古,瓦曩能退拉的创造,能星能锐木占的繁衍,生下了直套文仁(大峡谷),生下了孺木荣皮松统(野神居住的地方),生下了盆南朵丽烈勒旺狄区权(大垭口)。潘瓦能桑遮瓦能章说:"直套文仁是将来的凶狠天神木夺圣浪直卡能旁生活居住的地方,孺木荣皮松统是将来的凶狠天神能通诗热能日木接生活居住的地方,盆南朵丽烈勒旺狄区权是将来的风神崩梯格努崩台杜生活居住的地方。"

　　远古,瓦曩能退拉的创造,能星能锐木占的繁衍,生下了锋利的圣錾,有了尖利的钻子。潘瓦能桑遮瓦能章说:"用圣錾做项链,用钻子穿项链。"瓦曩能退拉的创造,能星能锐木占的繁衍,生下了拉瓦木独,有了嫩占木东。潘瓦能桑遮瓦能章说:"他们就是用圣錾的,他们就是用钻子的。"

　　远古,瓦曩能退拉的创造,能星能锐木占的繁衍,生下了能穿山还能入水的勒竹格努勒旺阶东杜(神龙);生下了长着尾巴,浑身有花纹的,生活在树林里,居住在大树上的树豹。

　　远古,瓦曩能退拉的创造,能星能锐木占的繁衍,生下硬弩,有了利箭;生下了身躯高
大,长着獠牙的。潘瓦能桑遮瓦能章说:"他就是使硬弩的力士,他就是射利箭的射手,他
将抬着硬弩,拿着利箭站在高山上,守在峡谷间。"

　　远古,瓦曩能退拉的创造,能星能锐木占的繁衍,生下了身躯巨大、脸像簸箕的。
潘瓦能桑遮瓦能章说:"他就是山石神。他居住在扎刚崩人拴格登荣石(山箐),那里生
长着扎刚崩人藤,那里生长着格登荣石树。"

　　远古,瓦曩能退拉的创造,能星能锐木占的繁衍,生下了面带笑容、长着长发的。潘瓦能桑遮瓦能章说:"他就是德如瓦能用木干兰能双,他居住在江河汇合的地方。那里生长着能顶能若树。"

　　远古,瓦曩能退拉的创造,能星能锐木占的繁衍,生下了一个拿着金梭板,带着银梭板的。潘瓦能桑遮瓦能章说:"他就是山洼神恩胆算木里乃胆算木直,他居住在昔闵阿苦地方,那里生长着木卡树。"

　　远古,瓦曩能退拉的创造,能星能锐木占的繁衍,生下了头戴犀鸟头的。潘瓦能桑遮瓦能章说:"他就是德如瓦直来莲木干文布伸,他居住在顶木萨浪格那地方,那里生长着萨阴大青树。"

　　远古,瓦曩能退拉的创造,能星能锐木占的繁衍,生下了一个穿着金衣戴着银饰的。潘瓦能桑遮瓦能章说:"他就是省腊省丽扎美恩散木植,他居住在能朵阴地方,他生活的地方,生长着松盘布山藤。"

　　远古,瓦曩能退拉的创造,能星能锐木占的繁衍,生下了一个大石盖,有了一个大石洞。生下了大张着嘴,砍自己的腿,割自己的肉的。潘瓦能桑遮瓦能章说:"他是管大石洞、使用大石盖的;将来凶死萨娃鬼(短命鬼)、尖仍阿拉尖仍木占(短命男女鬼)就埋葬在这个地方。"

　　远古,瓦曩能退拉的创造,能星能锐木占的繁衍,生下了一个浑身沾着鲜血的。潘瓦能桑遮瓦能章说:"他是主宰生命的智神热那诏帕鬼,他生活在木拽登绿,圣热乌鲁地方;他居住的地方,生长着贡技贡巴草。"

　　远古,瓦曩能退拉的创造,能星能锐木占的繁衍,生下了血块,有了血团。潘瓦能桑遮瓦能章说:"他就是能通格努能日木杂杜(会诅咒的鬼),他居住在黑暗里,他生活在石洞中。"

　　远古，瓦曩能退拉的创造，能星能锐木占的繁衍，生下了像雾又像水的。潘瓦能桑遮瓦能章说："这是凶残鬼能通诗热能日木接，他生活在皮松通地方。"

　　远古，瓦曩能退拉的创造，能星能锐木占的繁衍，生下了兵器神弓，有了神箭、神刀、神锤；生下了神风、神火，生下了能使水干涸、会叫山摇动的神蛇，有了神水；生下了一个身躯像巨石，眼睛像黑果的。潘瓦能桑遮瓦能章说："这就是使用兵器和神蛇的战神，木夺神浪直卡能旁，他生活在直涛文仁地方。将来发生战争时，就在圆场的中柱祭献他。木夺神浪生活的直涛文仁地方已有了，你就去生活在那里，居住在那里吧！"

四、尹暖拉和给冠木占的创造繁衍

　　远古,瓦曩能退拉的创造,能星能锐木占的繁衍,生下了一对还在娘胎里就不停地摇摆的。潘瓦能桑遮瓦能章说:"雄的叫尹暖拉,是百兽的父神;雌的叫给冠木占,是百兽的母神。"接着尹暖拉的创造,给冠木占的繁衍,生下了一对鼠的祖先,雌的叫尤子格努,雄的叫尤巷木杜;生下了一对刺猬的祖先,雌的叫阿独牛格努,雄的叫冬西木杜;生下了一对浑身绿色细长的草类的祖先,雌的叫曾都格努,雄的叫曾满木杜;生下了一对长着薄翅、带着毒针的,他们是蜂类的祖先,雌的叫中东格努,雄的叫申干木杜。

　　远古,尹暖拉的创造,给冠木占的繁衍,生下了一对长着鳞、生着鳃的鱼类的祖先,雄的叫乌圆拉,雌的叫乌元木占;生下了一对尤亚拉和尤斑木占,他们是木若鬼类的祖先。该创造的创造了,该生的都生下了。尹暖拉和给冠木占一个消失在天边,一个安息在地沿。

　　远古,瓦曩能退拉的创造,能星能锐木占的繁衍,生下了神杈抵住了下沉的天,有了巨柱抵住了上升的大地;生下了九拃长的针,有了九庹长的线缝好了裂开的天;生下了拱山的竹盖文腊(野猪),有了穿山的大蟒;生下了圆圆的大蒸笼。正在拱地的竹盖文腊,也被穿山的巨蟒吞吃了。

　　远古,瓦曩能退拉的创造,能星能锐木占的繁衍,生下灰色的一团。潘瓦能桑遮瓦能章说:"这是坚硬的石头。"坚硬的石头说:"我要张嘴说话,我要长脚走路。"用九庹长的铁链,捆住了石头,石头才没有张嘴,石头才没有走路。

　　远古,瓦曩能退拉的创造,能星能锐木占的繁衍,生下了一对还在娘胎里就会摇头,还没有出生就会晃动的。潘瓦能桑遮瓦能章说:"男的叫彭干支伦,女的叫木占威纯。"瓦曩能退拉觉得生够了,能星能锐木占感到活够了,瓦曩能退拉安息在山顶,他在山顶发出亮光,所以黎明从山顶开始;能星能锐木占安息在山洼,她在山洼里引出黑暗,所以夜幕从山洼里开始。

五、尤亚拉和尤斑木占的创造繁衍

  远古,尤亚拉的创造,尤斑木占的繁衍,生下了木若干荣歪,生下了木若弄荣拐。潘瓦能桑遮瓦能章说:"木若干荣歪,是发生仇杀时祭献的木若神,他住在木直崩昆戛瓦兰;木若弄荣拐是将来和平时祭献的和平木若神,他居住在戛昂肯带木章敢卖地方。"

　　远古，尤亚拉的创造，尤斑木占的繁衍，生下了壤熬木若，生下了能独木若。潘瓦能桑遮瓦能章说："壤熬木若是将来的铁匠祭献的木若神，他住在火炉旁；能独木若是将来发生战争赎回俘房时祭献的木若神，他住在能杜诗贡能达文蒙地方。"

　　远古,尤亚拉的创造,尤斑木占的繁衍,生下了星来当木若,生下了能占木若。潘瓦能桑遮瓦能章说:"星来当木若是将来举行目瑙时祭献的木若神,他住在星来诗贡山;能占木若是将来房子被烧时祭献的木若神,他居住在能占诗贡能卡文蒙地方。"

　　远古，尤亚拉的创造，尤斑木占的繁衍，生下了将来的歌手来仲木若，生下了将来的巫师祭献的木若神陶直木若，生下了将来的祭师祭献的木若神肯庄木若，生下了将来卜卦时祭献的木若神植巴木若，生下了将来吟诵"斋瓦"时祭献的木若神斋力木若，生下了将来目瑙的领舞祭献的木若神瑙双木若，生下了将来有知识的智者祭献的木若神帕知木若，生下了将来经商的人祭献的木若神扎力木若，生下了将来丰收的年成祭献的木若神恩胆木若，生下了将来煮饭时祭献的木若神地吨木若，生下了将来举行婚礼时祭献的木若神布木若，生下了将来谷子丰收时祭献的木若神锐翁木若，生下了将来纺织的人祭献的木若神达吨木若，生下了将来会唱山歌的人祭献的木若神窝越木若，生下了将来串姑娘惹祸时祭献的木若神如直木若。

六、彭干支伦和木占威纯的创造繁衍

　　远古,彭干支伦的创造,木占威纯的繁衍,生下了旋风,有了微风;生下了夜间的雾,有了早晨的露。潘瓦能桑遮瓦能章说:"等将来有了新的天,等将来有了新的地,新的天不够晴朗,新的地不够干硬,让旋风去使天晴朗,让微风去使地干硬;让雾洗尽天上的灰,让露除去地上的尘。"生下了蓝蓝的一片,有了竹笆一样的一块;生下了沉重的巨石;生下了长绳,有了粗索。潘瓦能桑遮瓦能章说:"这就是新的天,这就是新的地,把巨石放到大地上,用长绳粗索拴稳住,新的地会更坚实,新的地会更稳固。"

　　远古,彭干支伦的创造,木占威纯的繁衍,生下了夏昂阿崩山、崩乃找帕山、木佐崩极山、阿拜崩朗格巴山。潘瓦能桑遮瓦能章说:"夏昂阿崩山上有一把铁交椅,这是将来宁贯督生活居住的地方;崩乃找帕山是将来德如贡散木干贡潘王子生活居住的地方;木佐崩极山是将来的天王木佐毛兰生活居住的地方;阿拜崩朗格巴山是将来的天神木佐肯万诺木努生活居住的地方。"

　　远古,彭干支伦的创造,木占威纯的繁衍,生下了木几争若歪、木佐郭勒扎、诗兰顶西星能兰台约丁地方和乌蒙涛贡山。潘瓦能桑遮瓦能章说:"木几争若歪是将来的天神木佐苏瓦朋农生活居住的地方;木佐郭勒扎是将来的天神木佐志胜热生活居住的地方;石然登西星能兰台约顶是将来的太阳神占瓦能桑文布颇曩生活居住的地方;乌蒙涛贡山是将来的天神木夺格努直卡杜生活居住的地方。"

　　远古,彭干支伦的创造,木占威纯的繁衍,生下了阿苏贡顶阿干栽类和卡木劳石芽革松崩浪革巴地方。潘瓦能桑遮瓦能章说:"阿苏贡顶阿干栽类是将来的天神波干独正塔扎占能桑生活居住的地方;卡木劳石芽革松崩浪革巴是将来的彩虹神麻星格努麻羊格者豪昆杜生活居住的地方。"

　　远古,彭干支伦的创造,木占威纯的繁衍,生下了一块圆圆的像篾盘的勒目文铁戛腾越地方;生下了一对长着绿叶,有着树枝的,男的是登顶根石帮,女的是星星退木宽。潘瓦能桑遮瓦能章说:"他们生活的地方,生长着天药。"

七、登顶根石帮和星星退木宽的创造繁衍

　　远古，登顶根石帮的创造，星星退木宽的繁衍，生下了登旷日波拉，有了登旷日波木占。登旷日波拉的创造，登旷日波木占的繁衍，生下了圣灵勒索，有了圣断波翁。潘瓦能桑遮瓦能章说："他们将继续栽培天药，他们将跟着管理天药。"登旷日波拉的创造，登旷日波木占的繁衍，生下了莱谷莱岗地方、生下了苦勒斑浪能善、生下了勒旦勒中瓦。潘瓦能桑遮瓦能章说："苦勒斑浪能善是不成功的巫师，勒旦勒中瓦是将来的巫师。"

　　远古,彭干支伦和木占威纯力量耗尽了,生命衰竭了,不能创造了,不能生育了。衰老的彭干支伦和木占威纯,想要返老还童,来到瓦羊呆冒旁地方,改变了自己衰老的面貌,包上崭新的包头,木占威纯穿上美丽的筒裙,变得年轻了。他们第一次返老还童,又能创造了,又能繁衍了。

　　远古，彭干支伦的创造，木占威纯的繁衍，生下了割脐带的刀，有了锋利的斧头；生下了尖尖的叉子，有了敷肚脐的金粉；生下了洗孩子的金槽，有了洗孩子的清水；生下了女性生殖器，有了男性生殖器；生下了性欲药，有了润滑油。潘瓦能桑遮瓦能章说："等将来创造人的时候，这些都会有用处。"

　　远古，彭干支伦的创造，木占威纯的繁衍，生下了天王木佐毛浪，生下了天神木佐肯万诺木努，生下了天神木佐苏瓦朋农、能藏干龙孔，生下了天神木佐志胜热。潘瓦能桑遮瓦能章给他们接了生，用刀割断他们的脐带，又在肚脐上敷上金粉。天王木佐毛浪生活在生长着大青树的木佐崩吉能藏崩丹地方；天神木佐肯万诺木努生活在长着黄果树的阿摆崩浪格巴地方；天神木佐苏瓦朋农、能藏干龙孔生活在生长着大青树的木几曾若外支考同巴摆地方；天神木佐志胜热生活在生长着大青树的木佐志胜热能藏荣塔地方。

　　远古,彭干支伦的创造,木占威纯的繁衍,生下了太阳神占瓦能桑文布颇曩;生下了天神木夺格努吕良省谷杜;生下了木代天神颇干杜正塔扎占能桑;生下了天神木星格努木羊格遮考昆杜。潘瓦能桑遮瓦能章给他们接了生,用刀割断了他们的脐带,在肚脐上敷上金粉,又给他们取了名字。太阳神占瓦能桑文布颇曩生活在生长着大青树的石然登西星能兰台约顶地方;天神木夺格努吕良省谷杜生活在生长着竹子的乌蒙石贡乌迈文蒙地方;木代天神颇干杜正塔扎占能桑生活在生长着大青树的苏贡顶阿干栽类地方;天神木星格努木羊格遮考昆杜生活在生长着芭蕉树的卡木佬石芽格松崩浪格巴地方。

52

八、天神的儿女两兄妹繁衍

　　远古,天神的儿女,男的叫能戈玛能桑,女的叫木佐玛诗依,他们天天在一起,他们时时不相离,他们相爱了。能戈玛能桑给木佐玛诗依送了几庹长的腰带,送了刻着花纹的口弦筒;木佐玛诗依送给能戈玛能桑绣花的腰带。他们生下了一个孩子,他们把孩子送到森林里,那里生出了杰通藤,那里长出了杰三树。

　　远古,潘瓦能桑遮瓦能章说:"替我给万物取名的潘格来出生了,代我给万事解难的遮能代有了。他们是占瓦能桑和木夺直卡。从现在起,你们就给万物取名,给万事解难吧!"他回勒门崩顶地方去了,临走时留下话说:"等将来出现了没有脖子没有头,像冬瓜一样的东西,不会取名不会解释时,就到勒门崩顶山来叫我,我给他取名,我给他解难。"

　　远古,彭干支伦和木占威纯,生命衰竭了,力量耗尽了。衰老的彭干支伦和木占威纯,想要返老还童,来到瓦羊呆冒旁地方,彭干支伦改变了自己的容貌,包上崭新的包头,变得年轻了;木占威纯改变了自己的面貌,穿上美丽的筒裙,变得年轻了。他们第二次返老还童,变得年轻了。他们又开始创造了,又开始繁衍,生下了顶着羽冠,戴着羽帽的。潘格来遮能代说:"他就是将来富人不理穷人时祭献的宗都木代神。"

　　远古，彭干支伦的创造，木占戚纯的繁衍，生下了十个男孩。潘格来遮能代说："他们都是以后人们祭献的木代神，顶着铁冠戴着铁帽的是老大日旺干，顶着铁冠戴着铁帽的是老二农弄省举，顶着大肚冠戴着大肚帽的是老三木如腊皮，戴着扁帽缠着丝绸的是老四贡氏都曼，顶着扁帽戴着金冠的是老五掸当贡秧，顶着羽冠戴着羽帽的是老六蚌拥瓦景颇，顶着铁冠戴着铜帽的是老七直黎瓦康康，顶着扁帽戴着金冠的是老八蒙嫩瓦锐藏，顶着铁冠戴着铜帽的是老九缅瓦木干，顶着毡帽缠着丝绸的是倒数老大迷瓦瓦汤瓦。"

　　远古,彭干支伦的创造,木占威纯的繁衍,生下了两个塌着眼皮,长着短腿的。潘格来遮能代说:"一个是将来出征时祭献的石狄神,他居住在勒目狄扩阿戛恩官地方,那里生长着支布嫩树;另一个是守村护寨的木租神,将来抵抗敌人时,就要杀牛祭献她,她生活的地方生长着格东树。"

　　远古,彭干支伦和木占威纯,力量耗尽了,生命衰竭了,不能创造了,不能繁衍了。衰老的彭干支伦和木占威纯,来到瓦羊呆冒旁地方,彭干支伦改变了自己衰老的面貌,包上崭新的包头,变得年轻了;衰老的木占威纯,穿上美丽的筒裙,变得年轻了。又开始创造,开始繁衍,生下了金水槽,有了银水槽。潘格来遮能代说:"等将来有了迈里开江,等将来有了恩迈开江, 迈里开江从金水槽上流,恩迈开江从银水槽上淌。"

　　远古,彭干支伦的创造,木占威纯的繁衍,生下了一背篓金块,有了一背篓金沙;生出三十只金水桶,有了三十只银水桶;生下了一块大石头,石头下有一个水源;生下了抱着会漏掉,背着会消失的。潘格来遮能代说:"金块给迈里开江,银块给恩迈开江。将来用金水桶量迈里开江,用银水桶量恩迈开江。石头下的水源是恩迈开江的源头,是迈里开江的开端;会漏掉的是恩迈开江水,是迈里开江水。"

　　远古,彭干支伦的创造,木占威纯的繁衍,生下了分管各类事物的女神。潘格来遮能代说:"木苦努申兰木占是分管音乐的女神,她有一副甜美的嗓子;木龙贡东努木占是分管人体运动的女神,她会给人们解除疲劳;阿旁星桑旁木占是分管记忆的女神,她会提醒歌手的记忆;戛惹努松尊尊木占是分管烹饪的女神,她会教人们做好吃的饭菜;帕知能力努木占是分管知识的女神,她会给人们以智慧。她们生活的地方,生长着好多让人精神清爽的茶叶。"

　　远古,彭干支伦的创造,木占威纯的繁衍,生下了洁白又带咸味的盐的母亲松素吕坎木占。她生活的地方,生长着格塔树;生下了松炯拉,有了松姜木占。松炯拉是树的父神,松姜木占是树的母神,他们将背着筒帕,他们将装着树籽,把树种播遍高山,把树籽撒满坝子。

九、松素吕坎木占

　　远古,盐的母亲松素吕坎木占做的菜,又香又可口,儿子们做的菜,又淡又不好吃,儿子们觉得很奇怪。母亲做菜时,儿子们便悄悄地扒在篱笆上看,只见母亲不断地把身上的汗水沥进锅里,儿子们愤怒地把母亲赶出了家门。松素吕坎木占伤心地来到屋檐下,流下了许多泪水,在浸透她泪水的地方,飞来了许多蜜蜂。她来到了野外,在她撒过尿的地方,喷出了温泉。山林里的野象、野猪、豪猪、野牛都到这里来饮水。她来到如旺山,在那里流下了泪水,又撒下了尿,那里出现了如旺盐坑。来到蚌景颇山,在那里流下了泪水,撒下了尿,那里有了蚌景颇盐坑。她来到江的下游,安息在了西方,在她安息的地方,有了宽广的盐海。

十、梯木梯拉和梯木梯木占的创造繁衍

远古,彭干支伦的创造,木占威纯的繁衍,生下了梯木梯拉,有了梯木梯木占。潘格来遮能代说:"他们生下的儿女们,将给人们传播各种技艺。"梯木梯拉的创造,梯木梯木占的繁衍,生下了十一个男孩。潘格来遮能代说:"老大懂得历史知识,他最先吟诵'斋瓦';老二最先懂得吟诵祭辞,他的名字叫木兰能如准德布;老三是最先的祭师肯庄,他的名字叫木东权腊桑;老四是最先管礼宾的盆龙,他的名字叫阿杜德旺;老五最先会卜卦,他的名字叫温伦瓦温郎;老六最先能说会唱,他的名字叫布蒙瓦;老七最先会打铁,他的名字叫能东瓦;老八最先懂得文字,他最先具备知识;老九最先会做生意;老十最先懂得生育,他的名字叫汤瓦;第十一个最先懂得畜养。"

　　梯木梯拉的创造，梯木梯木占的繁衍，生下了十一个女孩。潘格来遮能代说："老大最先懂得出嫁；老二最先懂得烧火，她最先懂得煮饭；老三最先懂得耕种，她最先懂得收获；老四最先认识文字，她最先具备知识；老五最先懂得爱情，她最先会唱山歌；老六最先会用金钱，她最先会做生意；老七最先知道怀孕，她最先懂得生育；老八最先知道迎送，她最先懂得礼宾；老九最先懂得纺线，她最先知道织布；老十最先懂得养猪，她最先知道畜养；第十一个最先会做酒药，她最先会酿酒。"

　　远古,彭干支伦的创造,木占威纯的繁衍,生下了盛代权阿拉,有了盛代权木占。潘格来遮能代说:"他们是蚕的祖先,他们生活的地方,生长着桑树。"生下了阿嫩格努,有了登然木独;生下了扁嘴巴的鸭,有了长脖子的鹅。潘格来遮能代说:"阿嫩格努、登然木独,他们是绵羊的祖先,他们生活的地方,生长着羊耳朵树;扁嘴巴的鸭、长脖子的鹅他们将守护王宫,他们生活的地方,生长着槟榔树。"

　　远古,彭干支伦的创造,木占威纯的繁衍,生下了神刀,有了神箭;生下了敲天的大锤,有了打地的铁钻;生下了量天的标杆,有了丈地的绳索;生下了泥块,有了土团。潘格来遮能代说:"等将来宁贯督施瓦曩贡努打造天地时,会用到它们。"彭干支伦和木占威纯力量耗尽了,生命衰竭了,不能创造了,不能繁衍了。他们来到瓦羊呆冒旁地方,彭干支伦包上崭新的包头,变得年轻了;木占威纯穿上美丽的筒裙,变得年轻了。他们第四次返老还童,变得年轻了,又能创造了,又能繁衍了。

　　远古,彭干支伦的创造,木占威纯的繁衍,生下了老大诗瓦鹏,老二顶如鹏,老三登纳鹏,老四迷地东,老五纳旁鹏,老六诗亚当伢,老七穆达东文。潘格来遮能代说:"老大诗瓦鹏生活的地方,生长着诗贡乌仍树;老二顶如鹏生活的地方,生长着诗贡昂麻藤;老三登纳鹏生活的地方,生长着真专;老四迷地东将来打造天地时,他要扛九尺长的斧头;老五纳旁鹏将来打造天地时,他要扛巨大石柱,他要扛九尺斧头;老六诗亚当伢将来打造天地时,他将带能射过九座山的弓,他给宁贯督当卫士;老七穆达东文将来打造天地时,他拿着神剑给宁贯督当卫士。"

　　远古，彭干支伦的创造，木占威纯的繁衍，生下了一个母亲生他时拉断了背带，蹬断了竹桩的巨人。潘格来遮能代说："他就是将来的创世英雄宁贯督施瓦曩贡努。"他对宁贯督说："宁贯督呀，跟你打天的英雄有了，跟你造地的勇士也有了；你带的神弓有了，你挎的神刀也有了；你敲天的大锤有了，你打地的铁钻也有了；你量天的标杆有了，你丈地的绳索也有了；你用的泥块有了，你要的土团也有了。到你的夏昂阿崩山坐你的铁交椅吧。"

　　远古,彭干支伦的创造,木占威纯的繁衍,生下了宁贯督的妹妹,潘格来遮能代说:
"她的名字叫颜曩文布。"

十一、乌仁拉和丁当木占的创造繁衍

　　远古,彭干支伦的创造,木占威纯的繁衍,生下了还在娘胎里就不停地翻滚,还没有生出就到处冲撞的。潘格来遮能代说:"它们是畜类的祖先,乌仁拉和丁当木占。"乌仁拉的创造,丁当木占的繁衍,生下了会扒地找食的鸡的祖先星松拉和星松木占;生下了长着长嘴巴的猪的祖先梯托拉和梯托木占;生下了长着胡子的羊的祖先能背拉和能权木占;生下了长着浓毛的狗的祖先乌智拉和乌卡木占;生下了长着鬃毛的马的祖先东达拉和东达木占;生下了脚大角尖的水牛的祖先;生下了长着弯角的牦牛的祖先乌刚拉和乌刚木占。

十二、尹知拉和尹曩木占的创造繁衍

远古,乌仁拉的创造,丁当木占的繁衍,生下了还在娘胎里就抽枝发芽的。潘格来遮能代说:"他们是五谷的祖先,尹知拉和尹曩木占。"之后尹知拉的创造,尹曩木占的繁衍,生下了枝枝权权的,他就是祖格努藏都鬼,将来丰收的年成,要用酒献他,要用肉祭他,他居住在竹林里。生下了枝枝权权的,他是饿鬼足勒蒙藏南崩,将来人们吃喝前,要先把饭菜扔给它,他生活在村寨旁。又生下了白谷、红谷;地谷、田谷;绿谷、矮谷;山地黑谷、绿谷;热带绿谷、芦谷、小红米、粟米;狗尾巴米、高粱;芦谷米、苞谷;大黄豆、小黄豆;白芝麻、黑芝麻;冬瓜、南瓜;松棚芋、浪东芋;能刚芋、芳腊芋;芳顶芋、芳洋芋;乌云芋、能如芋;红薯、银桶山药;韭菜、苤菜;屯薄荷、茄子。

　　远古,尹知拉的创造,尹曩木占的繁衍,生下了一个没有脖子没有脚,像冬瓜一样的东西。潘格来遮能代不知道该怎样取名,也不知道怎样解释,就到勒门崩顶山去找潘瓦能桑遮瓦能章,潘瓦能桑遮瓦能章带着斧头,拿着长刀,带着女性生殖器,拿着男性生殖器,带着性欲药,拿着铃铛(睾丸);带着润滑药,拿着生育药,从勒门崩顶山赶来了。

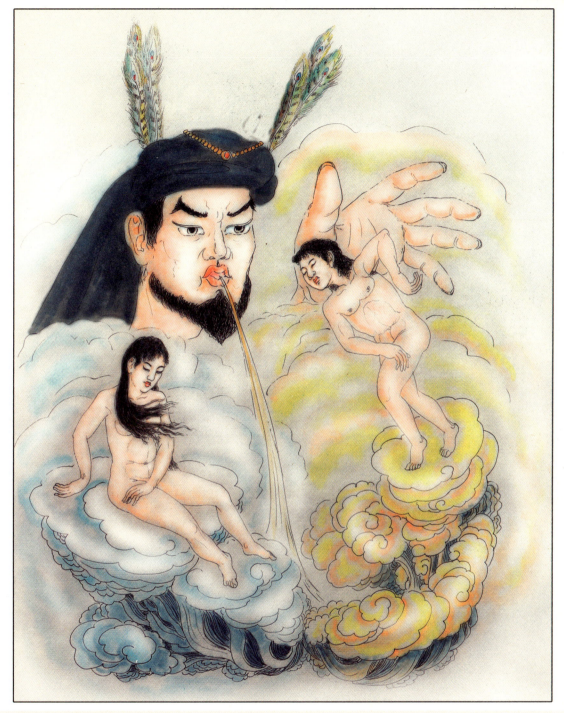

　　潘瓦能桑遮瓦能章用长刀和斧头,把没有脖子没有脚,像冬瓜一样的东西剖成两半,右半是德如贡散,左半是木干贡潘,要让他们,变成将来的人类。给他们安上了黑黑的头发、鼻子、眼睛、耳朵、嘴巴、舌头,全身的肉满了,放上男性生殖器,安上女性生殖器,装上生育药,安上润滑油,吹了口气,德如贡散会动了,吹了口气,木干贡潘会呼吸了。潘瓦能桑遮瓦能章对他们说:"德如贡散呀,木干贡潘,将来宁贯督打天造地,量天的标杆会打着你们,丈地的绳索会碰着你们,你们先躲到勒目卢酸地方,将来再来接你们。"

远古，彭干支伦的创造，木占威纯的繁衍，生下了枯瓦贡哦、胜热瓦贡扎后，潘瓦能桑遮瓦能章对彭干支伦和木占威纯说："彭干支伦呀，木占威纯，该你们创造的都创造了，该你们繁衍的都繁衍了，停止创造吧，停止繁衍吧。"彭干支伦和木占威纯，生命衰竭了，力量耗尽了，不能创造，不能繁衍了。他们咽气后，从他们的嘴里生出一股祥风，在落着他们皮肤的地方长出了绿绿的青草；在落着他们骨头的地方有了铁块铁片；在落着他们脑汁的地方有了银坑；在落着他们头盖骨的地方有了一块块玉石；在落着他们牙齿的地方有了瓷器；在落着他们心脏的地方有了金坑；在落着他们肠子的地方有了长长的项链；在落着他们肚子的地方长出了给支树；在落着他们粪便的地方长出了各种蔬菜。

　　彭干支伦和木占威纯咽气后,各种动物吃了他们的肉,擦过嘴的地方长出了勒山菌、木岭菌、野猪菌、奶浆菌、熊掌菌、秋菌、白蘑菇、香菇、老鹰菌、花头菌、蛮底线菌、星星菌、给仙菌、竹蘑菇、鬼菌、蛇蘑菇、木耳、香菇,剩下的最后一块肉,变成泥蛋菌。

十三、江河的起源

　　远古,潘瓦能桑遮瓦能章拿着金水桶,带着银水桶,来到石块下,用金水桶和银水桶,分别引出了老大迈里开江迈里曩果,老二恩迈开江恩迈曩鲁,老三打洛江打洛曩锐,老四德壁江德壁曩途,老五萨空江(怒江)萨空曩阶,老六德荣德旺江德荣德旺,老七德云江。分别给他们倒进三十桶金子,再倒进四十桶银子。潘瓦能桑遮瓦能章,用金水桶和银水桶,引出了四条江,引出了三条河,江河汇成了宽广的海洋;用金水桶和银水桶,把水洒向了天空,等将来有了不讲理的恶人,就让它变成暴雨,惩罚骗子和恶人。

　　远古,迈里开江曩果对妹妹恩迈开江曩鲁说:"妹妹曩鲁呀,我的身体不如你,我的力气没你的大,我不能翻山越岭,我只能走平路。你身体比我强,力气比我大,你能吃苦耐劳,你能翻山越岭,你就从木如山走,让我们在莱量山下相会吧。"

　　听了姐姐的话,恩迈开江曩鲁,接过潘瓦能桑遮瓦能章给的开山长刀和穿山的长矛,
用长刀劈开木如山,用长矛穿过木如山,拉着飞蛇的尾巴,飞快地来到莱量山下,没有等
姐姐曩果,就独自往前走了。迈里开江曩果,拉着蟒蛇的尾巴,沿着平坦的坝子,缓慢地
向前走着。当她来到莱量山下时,妹妹曩鲁已经走了,她伤心地想,本来约好在这里相会,
妹妹却先走了,迈里开江曩果想着,就赌气往回走了。来到平坦的恩贡果涌地方.在那里
徘徊起来。

　　木足肯瓦胜热诏刚董萨（潘格来遮能代），站在高高的岩石上，大声地对姐妹俩说："迈里开江曩果呀！恩迈开江曩鲁！你们是亲姐妹，你们不应该各走各的。"木足肯瓦胜热诏刚董萨说完，拿出金块，拿出金沙，拿出金席子，拿出银链子，拿出绿毯子，拿出一把水芹菜，拿出一把芦苇草，拿出一棵金水柳，送给了姐妹俩。听了木足肯瓦胜热诏刚董萨的话，拿着他送的礼物，姐妹俩手拉着手，顺着平坦的坝子，一起向前走了。

第二章 平整天地

一、宁贯督打天造地

　　远古,宁贯督在戛昂阿崩,招齐了打天的英雄、整地的勇士、勇敢的前锋、剽悍的后卫。
打天的英雄,举起了神刀;整地的勇士,拿起了神锤;跟着宁贯督,开始打天造地。

　　前面是打天的英雄,后面是整地的勇士,敲天的大锤举起了,打地的铁钻支好了。宁贯督用标杆去量天,用绳索去丈量地。一锤打到迈里开江岸,一锤打到恩迈开江边,热旺松康山打好了,热旺松康山造好了,再铺上土块泥团,土壤肥沃了,土地湿润了,庄稼可以生长了。接着又依次打好了侬山、贡氏山、掸诗贡山、蚌景颇山、直黎山、蒙嫩锐藏山、缅诗贡山、密瓦诗贡山、蒙岭蒙旁山。

　　远古,宁贯督率领打天造地的队伍,翻过高山,越过平坝,在勒章松坎瑙然地方杀了石牛,宰了石猪,跳起目瑙舞,庆贺打好的高山、造好的平坝,并在洛芒龙布地方建成了宏伟的王宫。为了给子孙留下美好的传说,为了给未来留下永恒的记忆,为了继续打天造地的事业,为了过江去打木如山,宁贯督率领打天造地的队伍,翻过高山,越过平坝,来到恩迈开江边,准备修一座过江的石桥。

　　准备修石桥的时候,子朗能对鸟飞来对宁贯督说:"宁贯督呀,你家里的独妹妹死了,你快快回去吧。"宁贯督回答说:"鸟的尾巴掉了,又会长出新的;妹妹死了呀,又会有替代的。"不久,子朗能对鸟又飞来对宁贯督说:"宁贯督呀,你的母亲不在了,快快回去吧。"宁贯督回答说:"鸟的尾巴掉了,又会长出新的;母亲不在了,还会有替代的。"又过不久,子朗能对鸟飞来对宁贯督说:"宁贯督呀,你的父亲去世了,你快快回去吧。"宁贯督回答说:"鸟的尾巴掉了,又会长出新的;父亲去世了,再没有替代的。"

　　听说父亲去世了,宁贯督是多么的悲伤,抽出长刀,把正在修造的石桥,砍入了恩迈开江;又挥刀一砍,把高大的给松崩山砍成了两半;丢下了敲天的大锤,推倒了打地的铁钻,变成了诗东崩岭山;掉下的量天的标杆,变成了深深的峡谷;留下丈量地的绳索,变成了汹涌的激流。因为石桥没有修成,打天造地的队伍,没有渡过恩迈开江,也没有打造木如山。

　　宁贯督从恩迈开江,回到戛昂王宫,独妹妹不见了,母亲不在了,父亲也去世了,留下孤孤单单的他,没有人跟他说话。宁贯督流着泪喊道:"父亲彭干支伦呀,母亲木占威纯,你们为什么不见我,就悄悄地走了。"从遥远的地方,宁贯督听到隐隐约约的回声。宁贯督又说:"父亲彭干支伦呀,你没有给儿子留下话,你不能离开我。"从遥远的天空,传来了彭干支伦的声音:"儿子宁贯督呀,记住我留下的话呀,将来的日子,你沿着野象的足迹,找到野象安息的地方,你就会得到无限的财富。"

　　宁贯督说："父亲彭干支伦呀，母亲木占威纯，你们生下了我，没吃过我打的松鼠，你们养育了我，没吃过我晒的干鱼，你们不能离开我。"鼓干支伦说："儿子宁贯督呀，我已经到了天上，和你的哥哥们在一起，在今后的日子，你祭献太阳神时，我就能吃到你的松鼠，我就能享用你的干鱼。"木占威纯说："儿子宁贯督呀，我已经到了地下，和你的独妹妹在一起，在今后的日子，你祭献石狄和水土神时，我就能吃到你的松鼠，我就能享用你的干鱼。"

宁贯督说:"父亲彭干支伦呀,母亲木占威纯,我还想和你们在一起,我还想吃母亲的乳汁。"木占威纯说:"儿子宁贯督呀,母亲的乳汁,已洒在大地上,在洒着乳汁的地方,会长出木挤龙东酒药草、旺迷木荣酒药草、木挤勒盘酒药草、拾旺迷敢酒药草、木挤勒摆酒药草、拾旺迷台酒药草、木岭诗南菜、甘蔗、芭蕉、菠萝、牛肚子果……你将来用酒药草,酿出甜甜的水酒,你将来吃到美味的蔬菜,你将来尝到好吃的水果,你就吃到了母亲的乳汁。"彭干支伦说:"儿子宁贯督呀,将来的日子,你听到雷响,看见闪电,就该想到,父亲还没有离开你。"木占威纯说:"儿子宁贯督呀,我虽然住在地下,会常来看望你,当山摇地动时,你就大声喊'知道了,听到了',大地就不再摇晃了。"

二、特荣特热拉撒树种

远古，特荣特热拉从松炯拉和松姜木占那里，背上树种，带上草籽，开始撒树种了，开始播草籽了。特荣特热拉，背上树种，带上草籽，来到热旺松康山，撒下了树种，播下了草籽。这边撒到迈里开江岸，那边播到恩迈开江边。热旺松康山上，长出了千种树，生出了万种草，这边绿到迈里江岸，那边绿到恩迈江边。又依次播在侬山、掸山、蚌景颇山、直黎山、蒙嫩锐藏山、缅山、蒙岭蒙旁山，这边绿到迈里江岸，那边绿到恩迈江边。从这山到那山，撒下树种，播下草籽，辽阔的大地上，长出了千种树，生出了万种草，千座高山好看了，万个坝子美丽了。

三、燕子巡视大地

　　远古,潘瓦能桑遮瓦能章对燕子说过:"燕子呀,等将来有了新的天,等将来有了新的地,你就飞出石洞,去巡视新的天,去巡视新的地。"新的天有了,新的地有了,燕子飞出了石洞,离开它生活的地方,顺着迈里开江飞,沿着恩迈开江飞翔,燕子飞过了热旺松康山、侬山、贡氏山、掸山、蚌景颇山、直黎山、蒙嫩锐藏山、缅山、密瓦山、蒙岭蒙旁山,燕子从这山飞到那山,这些山更高了,坝更宽了;山望不到顶啦,天更宽了,地更广了。

四、鸟类扒平大地

　　远古,潘瓦能桑遮瓦能章对鸟类说:"等将来有了新的天,等将来有了新的地,你们就飞出石洞,离开你们生活的地方,就飞向天空,去扒平大地吧。"新的天有了,新的地有了,鸟类飞出了石洞,飞到热旺松康山、侬山、贡氏山、掸山、蚌景颜山、直黎山、缅山、密瓦山、蒙岭蒙旁山,从迈里开江岸扒到恩迈开江边。东边扒平了,西边扒好了,南边扒平了,北边扒好了,千座高山整齐了,万个坝子平坦了,新的天更宽了,新的地更广了。

五、宁贯督与妹妹

　　宁贯督和妹妹颇曩文布,白天在一起,晚上不分离,他们像一对山雀,飞出飞进。他们是兄妹俩,怎么能像夫妻在一起?远近的人们,开始议论这件事。听到人们的议论,颇曩文布脸红了,颇曩文布害羞了。她心里想:再也不能留在王宫和宁贯督在一起了,只有到遥远的赛如山,远远地离开宁贯督。善良的颇曩文布,还未走出王宫,王宫里的猫对她说:"颇曩文布呀,你要到赛如山,让我跟你一起去吧,你一个人路上太冷清,我会像伙伴一样陪着你。"颇曩文布说:"好心的猫呀,你不能跟我去,王宫需要你守,王宫需要你护。"颇曩文布说完,给猫留下了好看的花纹。

　　颇曩文布告别了猫，来到了王宫的门槛，守门的狗对她说："颇曩文布呀，你要到赛如山，让我跟你去吧，路上遇上猛兽，我会尽力保护你。"颇曩文布说："好心的狗呀，你不能跟我去，王宫需要你守，王宫需要你护。"颇曩文布说完，给狗留下了细密的绒毛。颇曩文布告别了狗，来到鸡圈旁，鸡圈里的公鸡对她说："颇曩文布呀，你要到赛如山，让我跟你去吧，我会呼唤太阳，赶走路上的黑暗。"颇曩文布说："好心的公鸡呀，你不能跟我去，王宫的太阳需要你呼唤。"颇曩文布说完，给公鸡留下了五彩的羽毛。

　　颇曩文布告别了公鸡，来到院子上，院子上的猪对她说："颇曩文布呀，你要到赛如山，让我跟你去吧，你走的路不平坦，我会用嘴拱平它。"颇曩文布说："好心的猪呀，你不能跟我去，你留在王宫，王子需要你。"颇曩文布说完，给猪留下了一对大耳朵。颇曩文布告别了猪，来到牛圈边，牛圈里的牛对她说："颇曩文布呀，你要到赛如山，让我跟你去吧，我会为你踏平路，我能为你负重物。"颇曩文布说："好心的牛呀，你要为王宫种地，你要为王子出力。"颇曩文布说完，给牛留下了一对弯角。

颇曩文布告别了牛，来到马圈旁，马圈里的马对她说："颇曩文布呀，你要到赛如山，让我跟你去吧，你骑到我身上，比风还要快。"颇曩文布说："好心的马呀，你不能跟我去，你是宁贯督的坐骑，你不能丢下他。"颇曩文布说完，给马留下了长长的鬃毛。颇曩文布来到王宫外，生下了一个像鸡蛋一样的东西，独自一个人到遥远的赛如山去了。从鸡蛋一样的东西里，生出了一只鹰，潘瓦能桑遮瓦能章说："它是一只创造美的神鹰，它飞到哪里，哪里就会变得美丽。"潘瓦能桑遮瓦能章对造美神鹰说："造美的神鹰呀，张开你的翅膀，去美化高山吧，去美化平坝吧！"

　　造美的神鹰,这边飞到迈里开江岸,那边飞到恩迈开江边。从热旺松康山,飞过了侬山、贡氏山、掸山、蚌景颇山、直黎山、缅山、密瓦山、蒙岭蒙旁山。东边的花开了,西边的树绿了;南边的花开了,北边的树绿了。

　　造美的神鹰,完成了自己的使命,向着西方飞去,在英格兰的地方,永远的安息了。所以那里的人们,肤色是白的。神鹰没有飞到的地方,人们的肤色是黑的。

　　神鹰咽气时，从它的喉咙生出了一股黑风；从它的嘴里长出甜草，长出了芦苇；从它的嗓子长出了席草；从它的羽冠长出了鸡冠花；从它的头颅长出了约筒葫芦；从它的脖颈长出了水瓢葫芦；从它的羽毛长出了牛梳子藤；从它的翅膀长出了弯果藤；从它的屁股长出了女子藤；从它的脊梁长出了荆竹；从它的脚杆长出了直杆树；从它的爪子长出了鹰爪刺；从它的肋骨长出了茅草；从它的血管长出了苏木树；从它的心长出了马藤树；从它的肚子长出了地老瓜藤。

第三章 洪水

一、宁贯督发洪水

　　远古，百姓拥戴宁贯督，人民敬重宁贯督。只献给宁贯督美味的官腿（动物后腿肉）；无偿出给官工（劳动力）和如山的官谷。宁贯督的哥哥诗瓦鹏的九个儿子，看着眼红了，想着嫉妒了。他们放出大话："叔叔宁贯督，美味的官腿，他一个人享用；无偿的官工，只给他一个人出；如山的官谷，只交给他。我们要杀掉他，至尊的官位，我们要坐；美味的官腿，我们要享用；无偿的官工，要给我们做；如山的官谷，我们要收。"宽厚的宁贯督听了九兄弟的大话，看了九兄弟的举动，对勒顶勒庄拉（宁贯督的使者）说："我的侄子们不懂事，你去劝劝他们，叫他们不要乱说，让他们不要乱动。"

　　勒顶勒庄拉按宁贯督的吩咐，对九兄弟说："九兄弟呀，你们的叔叔宁贯督，让我来劝你们，叫你们不要乱说，让你们不要乱动。"九兄弟回答说："我们是了不起的九兄弟，叔叔宁贯督算什么，官腿我们要享用，官工要给我们出，官谷要由我们收，我们要挖他的眼睛，断他的腿。"勒顶勒庄拉给宁贯督回话："尊敬的宁贯督呀，九兄弟不听我的劝告，他们执意要官夺位，还说要挖你的眼睛，断你的腿。"宽厚的宁贯督对勒顶勒庄拉说："勒顶勒庄拉呀，你再去劝劝他们吧，如果他们再不听，我就要用太阳烧他们。"

　　勒顶勒庄拉又对九兄弟说:"九兄弟呀,你们还是听听劝告吧,如果你们再不听,你们的叔叔宁贯督就要用太阳烧你们,让大风刮你们,用暴雨淋你们。"九兄弟回答说:"让太阳来吧,我们是了不起的九兄弟,我们就像九条河,太阳烤不了我们,太阳晒着还嫌冷;我们就像九座山,狂风刮不走,暴风吹不动;暴雨来吧,我们正想冲身子,只怕暴雨淋不湿身子。"勒顶勒庄拉给宁贯督回话:"尊敬的宁贯督呀,九兄弟还是不听劝告,说太阳不够他们当火烤,说太阳晒着还嫌冷……"宽厚的宁贯督,对勒顶勒庄拉说:"勒顶勒庄拉呀,你再去劝劝他们吧,如果他们再不听,就要发洪水冲他们。"九兄弟还是不听劝告,宁贯督愤怒了,宁贯督再也忍不住了,他要发洪水,惩罚九兄弟。

　　宁贯督的儿女对他说："父亲宁贯督呀,你要发洪水,到处都会变成汪洋,让我们到哪里住,叫我们往哪里藏?"宁贯督对儿女说："孩子们呀,你们不用害怕,你们不用担心,我已做好木鼓船,洪水涨得多高,木鼓船也会漂得多高,你们躲在里面,洪水淹不着,大雨漏不进。"照宁贯督说的话,兄妹俩钻进了木鼓船,里面放着食物,装着九根针,关着九只鸡。兄妹俩坐进了木鼓船里面,木鼓船已经盖紧,就等着洪水的到来。

　　宁贯督推倒大山，堵住了所有的江河；宁贯督砍开巨石，挡住了所有的峡谷；宁贯督让天神降下了暴雨。地上的雨水涨起来了，江河里的水满起来了，宁贯督离开了戛昂阿崩山，到赛如石贡山去了。

　　过了一百四十天,见不着一块坝子,看不到一座高山了。整个大地都成了水的世界。潘格来遮能代想,只有水的世界,人类无法生存,只有将洪水撤退,人类才能继续繁衍。潘格来遮能代,派出大力神诗仁诗牙贡木戛拉,让他撤退洪水。大力神打了一锤,堵在江河上的大山,马上被打开了;大力神射了一箭,挡在峡谷上的巨石,瞬间被射穿了。江河流畅了,峡谷畅通了,洪水退去了,大地露面了,但整个大地都成了一片白沙滩。

　　木鼓船漂呀漂呀，一直漂了一百四十天才停了下来。木鼓船里的兄妹俩，不知道外面的世界怎样了，就从木鼓里放出一只鸡，鸡被木鼓上的野猫吃掉了。没有听到鸡的叫声，以为洪水没有退去；又从鼓缝里投了一根针，但还是听不到针的响声，以为洪水还没有退去。九只鸡放了八只，九根针投了八根，还是不知道木鼓外面的世界。最后一只鸡放出去了，听到鸡在说："可怜的兄妹呀，洪水退去了，大山出头了，平坝露面了，快快出来吧。"最后一根针投出来了，听到了针头碰到了沙滩的声音，兄妹俩才知道，洪水真的退去了。兄妹俩走出木鼓船，见到外面是茫茫的沙滩，山上没有一棵树，地上没有一根草，兄妹俩不知如何走，兄妹俩不知该找谁。

　　兄妹俩手拉着手,为寻找居住的地方,为寻找懂事的大人,不停地找着,不停地走着,终于看到沙滩上有一行野猫的脚印。兄妹俩沿着野猫的脚印,走了九十九天,找了九十九夜。遇到了丁热纯老人(吃人的妖怪)。丁热纯老人问:"可怜的孩子啊,你们从哪里来,你们到哪里去,你们是哪家的,你们是什么姓?"兄妹俩回答说:"我们是宁贯督的孩子,野猫的脚印把我们带到这里,我们不知道回家的路,我们不知道父母在哪里。好心的老人啊,你就收留我们吧。"丁热纯老人说:"可怜的孩子啊,你们不用担心,你们不用害怕,你们跟我在一起,这里就是你们的家。你们先睡觉,我去接水来给你们煮饭。"丁热纯老人拿着竹筒边接水边对水说:"水呀水呀,快快地流吧,快快地满吧,我要煮孩子的肉,我要吃孩子的心。"

　　可怜的兄妹俩,听到了丁热纯老人的话,知道他是吃人的妖精,便又沿着野猫的脚印,赶快逃走了。翻过九十九座高山,越过九十九个平坝,兄妹俩遇到了吴枯昆老人。吴枯昆老人问他们:"可怜的孩子啊,你们从哪里来,你们到哪里去,你们是哪家的,你们是什么姓?"兄妹俩回答说:"我们是宁贯督的孩子,野猫的脚印把我们引到这里,我们不知道回家的路,我们不知道父母在哪里,有个妖精老人,要煮我们的肉,要吃我们的心,好心的爷爷呀,救救我们吧!好心的老人啊,你就收留我们吧!"吴枯昆老人说:"可怜的孩子啊,你们不用担心,你们不用害怕,和我在一起你们会平安,你们先去找柴来,我接水煮饭给你们吃。"吴枯昆老人拿着竹筒,边接水边对水说:"水呀水呀,快快地流吧,快快地满吧,两个孩子饿坏了,我要煮饭给他们吃。"兄妹俩听到老人的话,知道他是个好人。

兄妹俩还没有喘口气,没有吃上饭,就听到呼呼地怪叫,妖精追来了。吴枯昆老人说:"孩子们呀,你们不用慌,爷爷我会想办法。你们带上沙和水,你们带上响铃果,藏到门头上。当你们听到我喊'天呀地呀'时,你们就泼下水,撒下沙,摇响响铃果。"兄妹俩按老人的吩咐,刚刚藏到门头上,露出獠牙的妖精,吐着白沫追到吴枯昆老人门前,大吼大叫道:"吴枯昆老人我问你,可看见两个孩子?我要煮他们的肉,我要吃他们的心。"吴枯昆老人说:"我整天守在家,不知道外面的事,你说的两个孩子,我没有见过。"妖精说:"我沿着他们的脚印,才追到这里,他们的脚印进了你的门,怎么说不知道,怎么说没有见,如果真是那样,我就要进门来搜找。"吴枯昆老人说:"你不信我的话,硬要跨进我的门,天神就会惩罚你,老天呀!大地呀!惩罚妖精吧!"吴枯昆老人刚喊完,沙子落下了,雨水降下了,雷声也响起了。凶狠的妖精以为天神在惩罚他,风一样地逃走了。

在吴枯昆老人的家里，兄妹俩一天天地长大，为了让他们繁衍后代，吴枯昆老人想了一个办法，每天让他们去找柴。这山的柴找来了，吴枯昆老人不满意，那山的柴背来了，吴枯昆老人不合心。兄妹俩没有办法，最后找来的柴是烧起来会"噼啪"直炸，不能做柴的盐酸树，吴枯昆老人却满意了。寒冷的夜晚兄妹俩盖着芭蕉叶，同睡在火塘边。火塘里的盐酸树，烧得"噼啪"直炸，火星子四处乱飞。他们互相拍打着火星，火星拍掉了，兄妹两人却从此相爱了。兄妹俩成了夫妻，他们生下了一个小孩，每一个白天，他们都出门去干活，留下吴枯昆老人在家带孩子。

　　有一天兄妹俩出门后，孩子整天不停地哭，吴枯昆老人说："孩子呀，你不要哭了，我就要给你烧干巴。"孩子还是哭。吴枯昆老人说："孩子呀，你不要哭了，我就要给你烧鱼吃。"孩子还是不停地哭。吴枯昆老人生气了："给你什么也不要，还是不停地哭，还是不停地叫，我要把你剁掉，撒到九岔路口上。"孩子不哭了，孩子不叫了，吴枯昆老人拿起长刀，取下孩子的心，其余的剁成碎肉，撒在九岔路口上。把留下的心煮成一锅稀饭，炖在火塘旁。

　　兄妹俩晚上回到家,听不到孩子的笑声,见不到孩子的身影,急得忙问老人说:"爷爷呀,进门听不到孩子叫,我们心里急得慌,我们的孩子在哪里,先让我们看看吧。"吴枯昆老人说:"你们别着急,你们别心焦,火塘边炖着稀饭,吃饱了再看孩子吧。"兄妹俩吃完了稀饭,揭开床上的毯子,见床上只有一根木头,却不见孩子的身影,兄妹俩哭着说:"爷爷呀,石头不会变成牛,孩子不会变木头,我们的孩子在哪里,你快告诉我们吧。"

　　吴枯昆老人说:"你们的孩子,变成了红红的碎肉,就在九岔路口,你们去看吧。"听了吴枯昆老人的话,兄妹俩来到九岔路口,只见一块块碎肉,变成了一个个孩子,他们的脸上,带着红红的血迹,他们的身上,都带着伤痕。兄妹俩对他们说:"孩子们呀,你们的父亲来了,你们的母亲来了,跟我们回家吧。"听到兄妹俩的话,孩子们惊恐地说:"你们吃了我们的心,不再是我们的父母。你们快走吧,我们怕你们。"孩子们说完,就拼命地逃走了。顺着地上的脚印,兄妹俩要找回孩子们,追到酸杷果树下,看到酸杷果树干,有孩子们砍下的刀痕,刀痕上流下的树浆,已结成红色的硬块,想着孩子们已经走远。

　　兄妹俩放慢了脚步,追到芭蕉树下,看见孩子们砍倒的芭蕉树,芭蕉桩的心子,已伸出了一大截,想着孩子们已经走远。兄妹俩放慢了脚步,追到太阳宫时,孩子们已关上了大门。兄妹俩进不了门,请蜗牛来帮忙。蜗牛把身上的黏液涂到太阳宫的大门脚,轻轻地一推,太阳宫的大门打开了。兄妹俩走进太阳宫,对孩子们说:"孩子们呀,你们的父亲来了,你们的母亲来了,跟我们回去吧。"孩子们听到他们俩的声音,惊恐地说:"你们吃过我们的心,不再是我们的父母。"孩子们说完,逃出了太阳门,关上了太阳宫的门。

兄妹俩出不了门，只好留在太阳宫，他们生下了一个女孩。女孩长大后，就对父母说："父母亲呀，我一个人多冷清，我一个人多寂寞。难道我没有姐姐，难道我没有哥哥？"兄妹俩回答说："可怜的孩子呀，你有好多的姐姐，你有好多的哥哥，但他们都生活在大地上。"女孩子又说："父母亲呀，我也要到大地上和哥哥姐姐在一起。"兄妹俩回答说："可怜的孩子呀，你长得太漂亮，你生得太好看，还没有到大地，还没有看见你的哥哥姐姐，你就会在半路被格兰瓦娶走。"女孩子不听父母的话，还是要到大地上找自己的哥哥姐姐。她路过格兰寨时，被格兰瓦娶走了，她没有见到哥哥姐姐。女孩和格兰瓦一个月生一个孩子。格兰寨兴旺了，格兰寨热闹了。

　　远古,有个打鱼人,名叫木如乌英,他每次打鱼都要经过格兰寨。每当打着鱼,回家煮吃后,肚子就会疼,肚子就会胀。他便在心里想,一定是格兰寨的琵琶鬼缠着他了。木如乌英找到了带兵的勒史塔那,让他带上人马去烧杀格兰寨。事先他们约好,格兰寨的人,一个也不能留,格兰寨的东西,一样也不能要。勒史塔那带着人马,冲进了格兰寨,格兰寨被杀尽了,格兰寨被烧光了。快要离开时,勒史塔那看到一个女孩,长得真好看,他不忍心杀死她,便悄悄地把她藏到筒帕里。勒史塔那带回的女孩,越看越好看,越看越美丽。让她去守谷地,她守的谷地,山雀不敢来吃。

　　女孩的漂亮能干,邻居们眼红了,邻居们嫉妒了。他们对勒史塔那说:"勒史塔那呀,你的女俘虏,没有守谷地,你地里的谷子,快被山雀吃完了。"听了邻居的话,勒史塔那生气了。他捡起棍子就去找小女孩。他来到谷地边,听到女孩用忧伤的比浪(乐器)声,向勒史塔那诉说心中的委屈:"勒史塔那呀,你别听信邻居的话,我守的谷子,山雀一粒也没吃,谷地上的谷子,一颗也没少,如果你不信,你仔细看吧。"勒史塔那走进谷地里,见地里的谷子,一粒也没少,便对女孩说:"孩子呀,在格兰寨,你的父亲种什么,你的母亲吃什么?"女孩回答说:"勒史塔那呀,在格兰寨,我的父亲种诗兰叶,我的母亲吃诗兰叶。"听了女孩的话,勒史塔那心里想,女孩说的诗兰叶,也许是一种灵药,她吃了这种灵药,山雀才不敢飞到谷地里,我如果娶了她,一定会有好福气。

　　勒史塔那娶了女孩,他们生了许多孩子。他们生的孩子,生一个活一个,而前妻的孩子,生一个死一个。前妻悲伤地哭着说:"勒史塔那呀,我种的不是麻芋,所以会糜烂掉。你的俘虏妻子,她种的是麻芋,所以越种越发。"听了前妻的话,勒史塔那领悟到,原来后妻是琵琶鬼。勒史塔那越想越后悔,越想越害怕,他想离开她,拿定了主意。勒史塔那对后妻说:"让我们带着孩子,到羌河那边去吧,那里土地肥沃,那里日子好过。"后妻同意了,勒史塔那带上孩子,来到羌河那边,在那里砍了地,又种庄稼。留下吃的和用的,勒史塔那又回到了河这边并砍断了羌河上的桥,后妻和她的孩子们,再也不能回到河这边。

二、迎接宁贯督

远古，发了洪水后，宁贯督住在赛如石贡山，大地上的人们，因为没有王子，天下不稳定，人心不安宁。大地上的人们，商量着接回宁贯督，但不知派谁去。鸡的祖先西所拉和西所木占说："让我们去吧，我们会接回宁贯督。"二星松拉和二星松木占来到赛如山，找到了宁贯督，他们对宁贯督说："宁贯督呀，你离开戛昂王宫后，天下不稳定，人心不安宁，你跟我们回去吧。"宁贯督回答说："回是要回去的，但不知大地上的人，怎样称呼你们？"二星松拉和二星松木占说："大地上的人们叫我们二星松拉和二星松木占。"宁贯督对他们说："你们的名字不该叫二星松拉和二星松木占，我另给你们取一个名字，就叫你们鸡吧。你们不能骑不能背，你们还是先回去，去守着戛昂王宫吧。"鸡离开了赛如山，回到戛昂王宫。大地上的人们问："你们到了赛如山，怎么没有接回宁贯督？"鸡回答说："宁贯督说了，他要回来的，但我们不能骑不能背，他让我们先回来守王宫。"

　　大地上的人们，又商量接宁贯督，但不知派谁去。猪的祖先梯托拉和梯托木占去了也无功而返。又派了山羊的祖先空康拉和空康木占，狗的祖先乌直拉和乌刚木占，黄牛的祖先盆邦拉和盆邦木占，水牛的祖先乌崩拉和乌邦木占，牦牛的祖先乌刚拉和乌刚木占，也同样无功而返。最后马的祖先东达拉和东达木占说："让我们到赛如山，我们会接回宁贯督。"东达拉和东达木占，离开戛昂王宫来到赛如山，找到了宁贯督，对宁贯督说："宁贯督呀，你离开戛昂王宫后，天下不稳定，人心不安宁，你跟我们回去吧。"宁贯督回答说："回是要回去的，但不知大地上的人，怎样称呼你们？"冬达拉和冬达木占说："大地上的人们，叫我们东达拉和东达木占。"宁贯督说："你们的名字，不该叫东达拉和东达木占，我另给你们取一个名字，就叫你们马吧。你们能骑，你们能背，我就骑着你们回王宫吧。"吃到赛如山的草，饮了赛如山的水，马能负重了，马能远行了，宁贯督骑着马，回到了戛昂王宫。

　　远古,发洪水的时候,蛮横的九兄弟,躲到了乌崩山,洪水退去后,他们又回到大地上,继续在人间作乱。看见九兄弟还是这样无理,宁贯督心里想,要想天下稳定,要想人心安宁,先得除掉九兄弟。宁贯督想好主意,请来了九兄弟。他一手拿着见旺菌,一手提着大官刀,对九兄弟说:"侄子们呀,我们不能再斗气,我们不能再对立,吃下这见旺菌,我们就和好吧。"听了宁贯督的话,九兄弟相信了。宁贯督拿起大官刀,开始削见旺菌,九兄弟吃刀那边的,宁贯督吃刀这边的,刀的那面涂着孔雀胆,九兄弟吃了见旺菌,一下就死了八个。

　　最后剩下老五,名叫乌崩当山。百姓们恨死了九兄弟,把乌崩当山带到下鱼笼的地方,贪心的乌崩当山,看着鱼笼里活蹦乱跳的鱼,再也收不住自己的手,当他进水取鱼时,百姓们锋利的长刀,砍下了他的头颅,九兄弟死光了,九兄弟灭绝了,天下稳定了,人心安宁了。宁贯督带着百姓,建成了罗芒王宫,盖起了勒章王宫,建成了松康王宫,盖好了荣布王宫。东面有了王宫,西面有了王宫,南面有了王宫,北面也有了王宫。

三、迎接德如贡散

　　远古,彭干支伦和木占威纯,生下了德如贡散,他将帮助王子,他将管理王业,因为宁贯督打造天地,怕量天的标杆打着他,怕丈地的绳索碰着他,潘格来遮能代把他送到勒木卢酸天宫。由于没有德如贡散,无人帮助王子,无人管理王业,王位不巩固,天下不兴旺。大地上的人们,商量去接德如贡散,但不知派谁去。鸡出来说:"让我到天宫去,我会接回德如贡散。"鸡离开戛昂王宫,顺着云路走,沿着风路飞,来到了天宫,德如贡散问它说:"你是谁呀,你来做什么?"鸡回答说:"我是大地上的鸡,我来接你回大地,德如贡散呀,因为没有你,无人帮助王子,无人管理王业,王位不巩固,天下不兴旺,你就跟我回大地吧。"德如贡散说:"鸡呀,我是要回去的,但你的脚太细,翅膀太软,驮不动我,也背不动我。你还是先回去,让驮得动我,背得动我的来接吧。"德如贡散说完,破开了鸡脚爪,鸡从此才有了扒食的爪。鸡回到戛昂王宫,大地上的人们问:"你到了天宫,怎么没接回德如贡散?"鸡回答说:"德如贡散说我的脚太细,翅膀太软,驮不动他,让驮得动他也背得动他的去接他。"

　　大地上的人们，又先后派了猪、山羊、狗、黄牛、牦牛，同样也无功而返。于是马出来说："让我到天宫去，我会接回德如贡散。"马离开戛昂王宫，顺着云路走，沿着风路去，来到了天宫，德如贡散问它说："你是谁呀，你来做什么？"马回答说："我是大地上的马，我来接你回大地。德如贡散呀，因为没有你，无人帮助王子，无人管理王业，王位不巩固，天下不兴旺，你就跟我回大地吧！"德如贡散说："马呀，我是要回去的，你的力气大，脚也快，驮得动我，也背得动我。我就骑着你回去。"马吃了天宫的草，马饮了天宫的水，马能负重了，马能远行了，德如贡散翻身骑上马，离开了勒木卢酸天宫，回到了大地上。德如贡散回到戛昂王宫，行使王子职权，管理天下大业，王位巩固了，天下兴旺了。

四、德如朋

远古,德如朋对孩子们说:"孩子们呀,我想吃鲜鱼,你们去堵水捉鱼吧,等你们堵好水,我会来下鱼药。"德如朋的孩子们照父亲说的话,来到河里堵好水。德如朋吃了闹鱼药,来到堵水的地方,拉下了大便。德如朋的孩子们见上游的水面上漂来了父亲的粪便,都气愤地说:"今天的力气,算是白花了。父亲这样对我们,只有把他赶走。"德如朋的孩子们,赶走了德如朋。

　　到了深夜里，德如朋悄悄回到家边，听到小儿子说："天这么黑，父亲不知在哪里，父亲不知怎样了。"听了小儿子的话，德如朋把小儿子轻轻地唤到门外，对他嘱咐道："孩子呀，将来盖房子，如果不会盖，就看着我的骨架盖；不知道取木料的时候，不知道盖房子的季节，你就牢记住，谷子黄的时候砍木料，红木树花开的时候盖房子。"德如朋给小儿子留下话后就死在远方的峭壁上。

124

　　德如朋的妻子通南珍木占和女儿通南退木宽，背上饭包，带上酒筒，到处寻找德如朋。她们来到河岔口，母亲对女儿说："孩子呀，你沿着诗能河寻，我顺着登谷河找，到了水源头，我们再相会。"照母亲说的话，女儿顺着诗能河找，母亲沿着登谷河寻，还没有到水源头，女儿就饿死了，母亲就累死了，她们都变成了知了，在森林里互相呼喊。"努依、努依（妈呀）"，这是女儿喊母亲的声音；"沙依、沙依（儿呀）"，这是母亲喊女儿的声音。从此，森林里有了努依知了，也有了沙依知了。

　　在德如朋安息的地方,吹出了一阵阵疾风,在落着他的头发的地方,生出各种草;在落着他的耳朵的地方,长出了杜鹃花;在落着他的眼睛的地方,开出了诺报花;在落着他的屁股的地方,传出了季节鸟的叫声;在落着他的嘴的地方,传来了各种小鸟的声音。从此,大地上,分出了不同的季节。

第四章 宁贯督娶亲

一、宁贯督寻找财富

　　远古,宁贯督的父亲就对儿子说过:"儿子宁贯督呀,将来的日子,如果需要财产,如果需要宝物,沿着野象的足迹,找到野象安息的地方,就会得到无尽的财富。"按父亲留下的话,宁贯督寻找财富去了。翻过高耸的山峰,越过宽阔的平坝,不知道找了多少天,不知道走了多少夜,在野象生活的地方,宁贯督找到了野象的足迹。在目东顶聂顺地方,森林神特蒙格努特杰杜,用倒下的树干,挡住了去路,用掉下的树叶,遮住了野象的脚印。王子宁贯督,真诚地对森林神说:"特蒙格努特杰杜呀,你用象牙做夹子,你用象耳做扇子,请你不要挡住我的路,请你不要遮住野象的脚印。等我找到了野象,我会杀牛祭献你;等找到了财富,我会用金银报答你。"

　　从森林里出来，沿着野象的足迹，宁贯督继续寻找着。跨过深深的峡谷，渡过宽阔的江河，宁贯督终于找到了野象安息的地方。宁贯督挖到了一头公猪，他心里想：挖到公猪也好，把它送给哥哥塔瓦波汤。宁贯督继续挖着，又挖到了一头公猪，他心里想：这一头送给哥哥占瓦能桑。宁贯督又继续挖，挖到了一头公牛，他心里想：这一头送给哥哥颇干独真塔。宁贯督继续挖着，在落着象牙的地方，挖出了金齿银牙；在落着象头的地方，挖出了铠锣；在落着象脑的地方，挖出了银块；在落着象眼的地方，挖出了格镝相；在落着象耳的地方，挖出了大嘴锣；在落着象舌的地方，挖出了琥珀；在落着象唇的地方，挖出了铜器；在落着象鼻的地方，挖出了金条；在落着象皮的地方，挖出了龙袍衣和银披挂；在落着象肩的地方，挖出了西搏肩尾巴（最早的一种枪）；在落着象骨的地方，挖出了铁块；在落着象心的地方，挖出了铜块；在落着象齿的地方，挖出了瓷器；在落着象胆的地方，挖出了玉石；在落着象肠的地方，挖出了项链。宁贯督继续往下挖，从地底下挖出了猪，钻出了羊，顶出了黄牛，撞出了水牛。

　　背着无数的财宝,赶着成群的家畜,王子宁贯督,回到了戛昂王宫。为了感谢父亲,为了报答母亲,为了得到的财宝,宁贯督要杀牛祭献太阳神扎占能桑,还要举行盛大的目瑙。宁贯督赶回的牛,放牧在贡巴亚草地上,让人去牵时,却一头也不见了;找牛的人,找到草丛中,捉到了一只长尾巴鸟,虽然找不到牛,仍然很高兴。因为没有牛,只好烧熟长尾巴鸟,招待远方来的客人。他把长尾巴鸟,放到砧板上,越剁肉越香,越剁肉越多,所有的客人都吃够了,所有的客人都吃饱了。

　　长尾巴鸟的香味,飘到了天空,颇干杜真塔占能桑,他心里在想,宁贯督举办目瑙舞,怎么用鸟肉招待客人,也许是因为没有牛。颇干杜真塔想着,包上一包牛角片,包上一包狗尾巴米,朝大地上丢去。地上的两兄弟,邓纳干和邓纳诺,看到天上掉下的东西,拾起来打开一看,一包是牛角片,一包是狗尾巴米。狡猾的邓纳诺连忙对哥哥说:"哥哥邓纳干呀,你去种牛角片吧,我去种狗尾巴米。"老实的邓纳干,听了弟弟的话,回去砍了一块火地,种上了牛角片。贪心的邓纳诺,打着自己的主意,也回去砍了一块火地,种上了狗尾巴米。

    过了一段时间,哥哥的火地里,冒出一对对牛角,弟弟的火地里,长出一棵棵狗尾巴米。邓纳诺问哥哥说:"哥哥邓纳干呀,你的火地里,不知怎样了?"邓纳干回答说:"弟弟呀,我的火地里,到处都发出了牛叫声。"邓纳干又问弟弟说:"弟弟邓纳诺呀,你的火地里,不知怎样了?"邓纳诺回答说:"哥哥呀,我的火地里,到处都长满了狗尾巴米的苗。"

　　听了哥哥的话，邓纳诺心里想，种的是牛角片，火地里怎么发出牛叫声。他跑到哥哥的火地上，见火地上到处都是牛。他看着眼红了，想着后悔了。邓纳诺用白面粉，把哥哥火地里的牛全都染成花白色。邓纳诺回到家，对哥哥邓纳干说："哥哥邓纳干呀，你火地里的牛，黑的是你的，花白的是我的。"听了弟弟的话，邓纳干来到火地边，只见火地里的牛，全都变成了花白的。邓纳干惊呆了，邓纳干愤怒了，他对着苍天呼，他向着大地喊，天上降下了大雨，天上落下了冰雹，大雨和冰雹，冲掉了牛身上的染料，牛又变成了黑色的了。

　　贪心的邓纳诺,没有骗到哥哥的牛,又在嫂嫂睡着时,把又黏又稠的酒水泼到她的头发上,使得她的头发结得一团一块的。第二天早上,邓纳诺对哥哥说:"哥哥邓纳干呀,嫂嫂的头发结得一团一块的,是被野鬼缠着了,你不能让她再出门,你赶快杀牛祭鬼吧。"老实的邓纳干听了弟弟的话,一次就杀了四五头牛,为自己的妻子祭鬼。可是祭了鬼,妻子的头发还是一团一块的,邓纳诺说:"你得杀更多牛,为嫂嫂祭鬼。"老实的邓纳干听了弟弟的话,又杀了一二十头牛为自己的妻子祭鬼。可是祭了鬼,妻子的头发,还是一团一块的,邓纳诺对哥哥说:"哥哥邓纳干呀,嫂嫂的头发还是一团一块的,你还得杀更多的牛,为嫂嫂祭鬼。"

　　老实的邓纳干又杀了更多的牛,为自己的妻子祭鬼。可妻子的头发还是一团一块的。牛一次比一次杀得多,最后杀得只剩一头了,正要再杀时,再也看不下去的长老们,出来说话了:"可怜的邓纳干呀,牛只剩一头了,以往杀牛时,大妹妹蒙松占,二妹妹蒙桑占,都来吃过了,唯有最小的妹妹勒扎占,她一次也没能来过,今天杀最后的一头牛,一定要请她来。"

134

  按长老们说的话,邓纳干把三个妹妹全都请来了。三妹勒扎占问嫂嫂:"亲亲的嫂嫂呀,你生了什么病,你觉得哪里疼。"嫂嫂回答说:"好心的三妹呀,我没生什么病,我哪里也不疼,只是我的头发结得一团一块的,弟弟邓纳诺说,是被野鬼缠着了,可杀了那么多牛,祭了那么多次,头发还是一团一块的。"三妹勒扎占听了嫂嫂的话,见嫂嫂的头发结得一团一块的,还散发出一股酒的气味,她心里明白了一切,便把嫂嫂叫到屋外,用热水洗净了她的头发,嫂嫂的头发又变得又松又软了。

　　三妹勒扎占，对长老和众人说："尊敬的长老们呀，远近的亲朋们，你们看看吧，嫂嫂的头发结得一团一块的，不是被野鬼缠着，而是被别人的嫉妒鬼咬着了。"听勒扎占说完，长老们说："邓纳干呀，邓纳诺，这最后一头牛如果留着它，心上的嫉妒鬼还会使你们不和睦，不如把它作赠礼，送给你们的妹妹。"兄弟俩同意了，但不知道送给谁。长老们说："送给大妹妹蒙松占，牛不会兴旺也不会发展；送给二妹蒙桑占，牛会变瘦牛会变小；只有送给三妹勒扎占，牛才会肥，牛才会发展。"邓纳干按长老们的话，把牛当作赠礼，送给了三妹勒扎占。三妹对众人说："牛既然送给我，我就要牵走了，等将来跳目瑙需要杀牛时，你们就跟着斋瓦们，背上金条，带上银条，到勒扎地方来牵牛吧。"勒扎占牵起牛回勒扎地方去了。

二、宁贯督娶龙女

　　远古,宁贯督没有王后,宁贯督没有妻子,白天没有人与他玩耍,晚上没有人与他做伴,他想要找个王后,他想要娶个妻子。宁贯督的媒人到天上去求亲。木代督们问:"从地上来的是什么人,要娶木代女的是哪一个?"媒人回答说:"勒目木代呀,我们是大地上的人,要娶木代女的是宁贯督。"勒目木代们说:"木代家和宁贯督,同属于一个家族,男的是兄弟,女的是姐妹,他不能娶木代女,木代女不能嫁给他。"

没有娶着木代女，宁贯督又让媒人带上乐队到别的地方去求亲。悦耳的东巴吹响了，欢乐的竹笛吹响了，前面是木鼓，后面是大铓。求亲的队伍翻过无数座高山，越过无数个平坝，顺着迈里开江寻，沿着恩迈开江找。美妙的乐曲向四面飘散，迈里开江翻起了浪花，恩迈开江腾起了波澜。水底的龙女听到乐曲声，来到水面问："你们的歌声真好听，你们的乐曲真动人。你们从哪里来，你们来做什么？"媒人回答说："我们从戛昂王宫来，我们为王子找王后，我们到这里来求亲。"听媒人说完，龙女害羞地回去了。

  龙王又出来问："想做姑爷的是哪一个,叫什么名字?"媒人回答说:"他是大地上的王子,他的第一个名字叫宁贯督。尊敬的龙王啊,请你也告诉我们,龙女的名字叫什么?"龙王回答说:"你们听着吧,上面的叫宁贯督,下面的叫登滚曩勒布,第一个名字相称了,第一个名字相配了。"媒人又问道:"尊敬的龙王呀,王子的第二个名字就叫戛昂帮湾,请你告诉我们,龙女的第二个名字叫什么?"龙王回答说:"你们听着吧,第二个名字上面的叫戛昂帮湾,下面的叫登滚曩木占,第二个名字相称了,第二个名字相配了。"媒人又问道:"尊敬的龙王呀,王子的第三个名字就叫戛昂帮湾拉乌仁,请你告诉我们,龙女的第三个名字叫什么?"龙王回答说:"你们听着吧,第三个名字上面的叫戛昂帮湾拉乌仁,下面的叫布仁依扎圣,第三个名字也相称了,第三个名字也相配了。宁贯督可以做姑爷,我的女儿可以嫁给他了。"

　　隆重的送亲仪式，在耀眼的王宫里举行，龙王的鱼虾百姓，像过年一样欢乐。龙王拿出无数的财宝，给女儿做嫁妆。又架起出水的桥，愿女儿幸福，祝女儿吉祥。

　　在戛昂王宫,宁贯督和龙女扎圣,就要举行婚礼,但龙女的脸上,还带着龙的斑纹,在龙女身上,还有着龙的腥味。宁贯督找来花椒叶,蘸上圣洁的泉水,为龙女扎圣洗礼。洗礼后的龙女扎圣,脸上的斑纹褪了些,身上的腥味减了些,但斑纹还没有褪尽,腥味还没有消失。宁贯督又找来香果叶,蘸上圣洁的泉水,为龙女扎圣洗礼。洗礼后的龙女扎圣脸上的斑纹又褪了些,身上的腥味又减了些,但斑纹没有褪尽,腥味没有消失。宁贯督又依次找来苤菜、生姜、贡芝贡巴草,蘸上圣洁的泉水,为龙女扎圣洗礼。洗礼后的龙女扎圣,脸上的斑纹褪尽了,身上的腥味消失了。龙女扎圣更漂亮了,龙女扎圣更动人了,从此宁贯督有了王后,宁贯督有了妻子。

　　远古,宁贯督和龙女扎圣,生下了戛昂阿督王子。戛昂阿督王子长大成人了,该给他说媒,该给他娶亲了。媒人出来说:"要给戛昂阿督王子成亲,就到天上找木代家,虽然是同一个家族,但已经过了七代。"背上金,带上银,媒人来到天上向木代督求亲。木代督问:"想做姑爷的是哪一个,他的名字叫什么?"媒人回答说:"他就是地上的王子,他的名字叫戛昂阿督。"木代督说:"他和木代家同属于一个家族,现在已经过了七代,可以相娶了,可以相爱了,但他们的名字不相称,他们的名字不相配。"媒人又问道:"尊敬的木代督呀,请你告诉我们,木代女的名字叫什么?"木代督说:"你们听着吧,我女儿的名字叫勒木侬宽东。"媒人们回到地上想,王子和木代女,名字不相称,名字不相配,我们就按木代女的名字,给王子另取名,木代女叫勒木侬宽东,戛昂王子就叫扎瓦容壮,如果木代女叫勒木侬坡纳,戛昂王子就叫扎瓦容扎。

　　媒人们按木代女的名字,给王子取好了名字,又背上金,带上银,来到了天宫,向木代女求亲。木代督问:"要做姑爷的是哪一个,他的名字叫什么?"媒人回答说:"他是地上的王子,他的名字叫扎瓦容壮,尊敬的木代督啊,请你告诉我们,你的女儿叫什么?"木代督说:"你们听着吧,你们的王子,名字叫扎瓦容壮,我的女儿,名字叫勒木侬宽东,第一个名字相称了,第一个名字相配了,但还有第二个名字,不知道叫什么?"媒人回答说:"我们的王子,他的第二个名字,就叫扎瓦容扎;尊敬的木代督呀,请你告诉我们,你的女儿,她的第二个名字叫什么?"木代督说:"你们听着吧,我的女儿,她的第二个名字,叫勒木侬坡纳,你们的王子,他的第二个名字叫扎瓦容扎;第二个名字相称了,第二个名字相配了,你们的王子可以做姑爷,我的女儿可以嫁给他。大地上的人们啊,你们带着她走吧,女儿的嫁妆,等你们举行目瑙时,我会亲自送来;女儿的彩礼,等你们举行目瑙时,我会亲自来取。"媒人们带着木代女,回到了戛昂王宫,戛昂王子扎瓦容壮和勒木侬宽东,举行了盛大的婚礼,从此,他们幸福地生活在一起。

　　远古，戛昂王子和木代女，生下了王子苏瓦木都。苏瓦木都长大后，娶了干占肯努，苏瓦木都和干占肯努，生下了王子德如增利。德如增利长大后，娶了木干增梯，德如增利和木干增梯，生下了王子木托贡央。木托贡央长大后，娶了登萨勒刚，木托贡央和登萨勒刚，生下了老大卓西纳，他生活在肯度央扎昆地方；生下老二张木扎，他生活在恩波瓦浪缺的地方；生下了老三董木浪腊桑，他生活在省连杈枯地方；生下了老四格仁都鸢，他生活在阿旦松巴康地方；生下了老五扁当登萨，他生活在扁诗贡山；生下了老六阿曩动布约筒，他生活在阿曩能动康地方；生下了老七恩顶德散卡，他生活在恩顶格芽地方；生下了老八恩建思波瑞，他生活在恩建思波康地方；生下了老九木舜顶迈金，他生活在木舜顶迈诗贡地方。从此大地上的人们有了不同的姓氏。

　　远古,老大卓西纳家的儿子,娶了老二张木扎家的女儿;老二张木扎家的儿子,娶了老三董木浪腊桑家的女儿;老三董木浪腊桑家的儿子,娶了老四格仁都鸾家的女儿;老四格仁都鸾家的儿子,娶了老五扁当登萨家的女儿;老六阿曩动布约筒家的儿子,娶了老七恩顶德散卡家的女儿;老七恩顶德散卡家的儿子,娶了老八恩建思波瑞家的女儿;老八恩建思波瑞家的儿子,娶了老九木舜丁迈金家的女儿;老九木舜丁迈金家的儿子,娶了老大卓西纳家的女儿;从此,大地上的人们,知道了丈人种,知道了姑爷种。大地上的人们更繁衍了,更昌盛了。

　　远古,卓西纳和勒旺崩瓦木占,生下老大热旺瓦松康木干;生下了老二依弄生举;生下了老三木如瓦拉批;生下了老四贡氏瓦都曼;生下了老五掸当贡央;生下了老六蚌拥瓦景颇;生下了老七直黎瓦康康;生下了老八蒙嫩瓦锐藏;生下了老九缅瓦;生下了老十密瓦瓦汤瓦;生下了第十一个蒙岭蒙旁。从此大地上的景颇族有了不同的支系。

三、蚌拥瓦的繁衍

远古，蚌拥瓦景颇和占玛诗伊，生下了瓦切瓦松贡木干；瓦切瓦松贡木干长大后，娶了木贡格旁木占；生下了老大木日瓦贡扎木干，他住在阿端省贡地方；生下了老二勒佗瓦诺乱，他住在诗界龙让地方；生下了老三勒排瓦腊壮，他住在扎日瓦戛地方；生下了老四德散都壮，他住在直权文腊地方；生下了老五木然瓦能尚，他住在贡树贡瓦戛地方；生下了老六拥昆用甸，他住在恩胆莪洋地方；生下了老七卡树卡莎，他住在卓芒卓康地方；生下丁老八盆南诺瑞，他住在迈里省谷地方；生下了老九木高瓦金曩，他住在木高金曩地方。从此在景颇族里又有了不同的姓氏。

　　远古，勒佗诺乱家的儿子，娶了木日瓦贡扎家的女儿；勒佗诺乱家的女儿嫁给了勒排瓦腊壮家的儿子；勒排瓦腊壮家的女儿，嫁给了德散都壮家儿子；德散都壮家的女儿，嫁给了木然当能尚家的儿子；木然当能尚家的女儿嫁给了荣昆用甸家的儿子；荣昆用甸家的女儿，嫁给了卡树卡莎家的儿子；卡树卡莎家的女儿，嫁给了盆南诺瑞家儿子；盆南诺瑞家的女儿，嫁给了木高瓦金曩家儿子；木高瓦金曩家的女儿，嫁给了木日瓦贡扎家的儿子。从此，大地上的人们，知道了丈人种和姑爷种。大地上的人们更繁衍了，更昌盛了。

第五章 目瑙的来历

一、天上的目瑙舞

远古,有了新天,有了新地,太阳出来的地方先竖目瑙桩,月亮升起的地方先跳目瑙舞。占瓦能桑来当主持,来当总管;占瓦能章来当董萨,来念祭辞;颇干杜真塔来当斋瓦,来吟颂词;木左知声然来当领舞,来当先导;木左瓦毛浪来帮领舞,来助先导;木左肯万诺木努来管屠宰,来管祭坛;木夺直卡来管祭酒,来当监督。目瑙桩竖好了,目瑙场整好了,该有的都有了,该做的都做了,天上的目瑙舞就要开始了。潘格来遮能代向目瑙主管说:"你们跳目瑙,你们献什么神,你们祭什么祖?"主管回答说:"天上的目瑙舞,我们献金神,我们祭银神。"金神献过了,银神祭过了,天上的目瑙在宽广的太阳宫隆重地进行着。前面是领舞,后面是舞队,跳的热闹地跳着,唱的高声地唱着,天上的目瑙舞,跳得多热闹,唱得多欢乐。目瑙舞跳过后,主持目瑙的富有了,主管目瑙的如意了。

二、鸟类的目瑙

　　远古,鸟类参加了天上的目瑙,返回大地时,来到康星央枯地方,那里有一棵黄果树,上面结满了熟透的黄果。百鸟看见了,它们是多么高兴。支尼年鸟说:"这么好吃的黄果,让我们围起来,悄悄吃掉吧。"石介鸟说:"这么好的黄果,不能光我们吃掉,应该请来所有的鸟类,共同把黄果分享。"胜独鸟说:"这么好看的黄果,就这样吃掉,实在太可惜,我们不如学着太阳宫,请来所有鸟类,举行一次目瑙,再欢欢乐乐地吃黄果。"所有的鸟,都同意了胜独鸟的建议,请来了所有鸟类,在黄果树上,就要举行鸟类的目瑙了。

　　胜独鸟说:"我来当主持,我来做总管。"鹦哥鸟说:"我来当斋瓦,我来吟颂词。"章脑鸟说:"我来当董萨,我来念祭辞。"登科鸟说:"我来管屠宰,我来管祭坛。"犀鸟说:"我来当领舞,我来当先导。"犀鸟头太大,别的鸟不跟着它;犀鸟的声音太粗重,别的鸟不愿听。犀鸟当不成领舞,犀鸟当不成先导,它又请求主持说:"就算做不成领舞,就算当不成先导,也在我的头上,做一个纪念的记号。"按犀鸟的要求,犀鸟的样子,做成了领舞的头饰。孔雀鸟说:"我来当领舞,我来当先导。"勒农省瓦鸟和苏梅银鸟说:"我们来帮领舞,我们来助先导。"支边别鸟说:"我来平目瑙场,我来整目瑙场。"凰仙鸟说:"我来管酒,我来斟酒。"直灵鸟说:"我来当监督,我来管分工。"松拾木丽拾鸟说:"我来管分,我来管发。"恩直支锐鸟说:"我来烧火,我来煮饭。"空什乌公鸟说:"我去背水,我去打水。"盆牙种鸟说:"我来泡酒,我来捣酒。"恩梅曼突鸟说:"我来舂碓,我来簸米。"坡总松鸟说:"我来扫目瑙场,我来收目瑙场。"乌快鸟说:"我来送垃圾,我来倒垃圾。"该有的都有了,该做的都做了,用树干做目瑙桩,用树枝做横档,用树梢做舞场,所有的鸟都跳起来了,所有的鸟都唱起来了,它们是多高兴,它们是多欢乐。

　　就在这个时候，苏瓦木独和能匡斋瓦贡东都卡，来到了黄果树下，看到了鸟类的目瑙舞。他们便大声问："树上的是做什么呀？"树上的鸟类回答说："我们到天上参加目瑙，来到这里看到满树的黄果，我们心里高兴，就学着天上的太阳神，跳起了目瑙舞。"苏瓦木独又问："树上跳目瑙，主持是谁呀？"树上回答说："主持是胜独鸟。"胜独鸟又问："树下的是谁呀？"树下回答说："听着吧，树上的叫胜独鸟，树下的叫苏瓦木独，名字相称了，名字相配了。"树下又问道："树上的目瑙斋瓦是谁呀？"树上回答说："树上的目瑙斋瓦，是能哦吴然。"树上又问道："树下的是谁呀？"树下回答说："听着吧，上面的斋瓦叫能哦吴然，下面的斋瓦叫贡东都卡，名字相称了，名字相配了，树下的人们也能跳目瑙了。"

三、大地上的目瑙

　　远古,苏瓦木独和干占肯努,在黄果树下,看到了鸟类的目瑙,便学着鸟类的样子,也要举办目瑙。苏瓦木独和干占肯努,他们举办的目瑙,选在正月中旬,吟颂词的斋瓦有了,念祭辞的董萨来了;管祭坛的肯庄来了,泡酒的盆伦来了;春碓的有了,簸米的来了。目瑙桩竖起了,目瑙档支好了;舞场整好了,祭坛设好了;长长的木鼓敲响了,圆圆的大锣敲响了。苏瓦木独和干占肯努,他们举办的目瑙,隆重又热闹。接着德如曾利和木干真梯,看到苏瓦木独和干占肯努举办的目瑙,学着他们的样子,也举办了目瑙。后面是木托贡央和登萨勒刚、瓦切瓦星贡木干和木贡格旁木占,他们也举办隆重又热闹的目瑙。他们跳完目瑙舞后,白米吃不完了,红米堆成山了,鸡猪数不清了,牛马满山坡了;金银门开了,繁衍路通了。

153

四、牵目瑙牛

　　远古，勒扎占说过，等将来举办目瑙，如果没有牛，就让大斋瓦们，背上金，带上银，到勒扎地方来牵牛。因为要举办目瑙，没有牛宰杀，照勒扎占说过的话，大斋瓦们，背上金，带上银，到勒扎地方牵牛去了。牵牛的斋瓦们，从盆代央动身，从盆代央起步，翻过了无数的高山、渡过了无数的河水、越过无数的地方。

　　牵牛的斋瓦们，来到东奔瓦洋地方，高兴地唱道，"哎罗，要说好呀，就数东奔瓦洋地方。这里的姑娘，身材多匀称，容貌多迷人；要说平坦呀，就数东奔瓦洋地方；要说心好呀，就数这个地方的姑娘。"东奔瓦洋地方，实在是太美好了。牵牛的斋瓦们，怕自己的魂留恋那里，又难过地唱道："哎罗，要说难在呀，就数东奔瓦洋地方；要说难看呀，就数东奔瓦洋的姑娘；要说陡峭呀，就数东奔瓦洋地方；要说狠毒呀，就数东奔瓦洋地方的姑娘；过路的出门人呀，不要留恋这个地方。"牵牛的斋瓦们唱完，又继续赶路了。

　　牵牛的斋瓦们，来到木贡更旺地方，又高兴地唱道："木贡更旺地方呀，什么都有，样样都齐。哎罗！在这个美好的地方呀，居住着古老的格仁家族，这里生长着最古老的红木树，还有最早的芭蕉树。在这里呀，有最古的瓦断竹子，有最早的勒坡腊波奔叶。这里的树上，还生活着最早的长尾鸟。各种树木呀，都能在这里找到，各种小鸟呀，都生活在这个地方，这里这么美好，怪不得年老的斋瓦常常会提到这个地方。"斋瓦们唱完，又继续上路了。翻过千座山，越过万个坝，牵牛的斋瓦们，终于来到了勒扎寨，找到了勒扎占，开始讲牛价。

斋瓦们说:"勒扎占呀,按你曾经留下的话,为了举办目瑙,我们带着金,我们背着银.
到你这里牵牛,我们出一两银子,你觉得怎么样?"勒扎占说:"斋瓦们呀,一两银子,还买
不着牛耳朵;二两银子买不着弯牛角;三两银子呀,还买不着牛腿。"斋瓦们又说:"我们
出四两银子,你觉得怎么样?"勒扎占说:"斋瓦们呀,四两银子,还买不着半头牛;五两银子
不是买牛价。"斋瓦们又说:"我们出六两银子,你觉得怎么样?"勒扎占说:"斋瓦们呀,
六两银子,你们牵不走牛;七两银子呀,还不到买牛价。"斋瓦们又说:"我们出八两银子,
你觉得怎么样?"勒扎占说:"斋瓦们呀,八两银子,你们再想想吧。"斋瓦们又说:"我们
出九两银子,你觉得怎么样?"勒扎占说:"斋瓦们呀,九两银子,你们还是再加一点吧。"
斋瓦们又说:"勒扎占呀,我们出十两银子,你觉得怎么样?"勒扎占说:"斋瓦们呀,十两
银子,你们可以找牛绳了。"

　　牵牛的斋瓦们，终于和勒扎占讲好了牛价钱，找到牛绳牵上牛，又要动身了。牵牛的斋瓦们，从勒扎寨动身，来到扎日瓦地方；走过了彭奔诗腊地方，来到栽瑞阿戛地方；走过了栽奔阿官地方，来到支量盆郭地方；走过了阿克都地方，来到肯杂苦地方；走过了阿苦容洞地方，来到胜然洞彭地方。牵牛的斋瓦们，走过了胜然乃帕地方．来到阿屯淮瓦地方；走过了仁生排切地方，来到腾乃当勒壮地方；走过了都伦龙仁地方，来到哦吕龙顶地方，来到阿短星光戛地方；走过了荣光圆荣旺木达地方，来到阿贡木直鲁地方；走过了仲通圆真东阿戛地方。牵牛的斋瓦们，来到东苏光当德如地方，走过了帕代都地方，来到盆甸温顿地方；走过了崩诗格鲁地方，来到肯弯阿官地方；走过了登内崩栓地方，来到恩迈旦龙腊地方；走过了咱央诗瓦地方，来到盆都央扎昆戛地方；走过了松让暖地方。牵牛的斋瓦们，来到阿旦松巴康戛地方，来到能让康地方，走过了龙腊康地方；来到了勒公旁地方，走过了勒公木软地方；来到了勒哦木若地方，渡过勒刚格坎河渡口，翻过格声格东坡；走过了格声寨子，来到赵渊木逃地方。

　　牵牛的斋瓦们跨过了恩先切峡谷,来到登渊罗昆地方;走过了罗昆木当地方,越过能麻央坝;走过了阿苏枯地方,来到崩三省瓦地方;走过了孟暖康戛地方,翻过阿崩渊介空格东山,走过了依若开屯桥;越过农罗乌鲁坝,走过了文蒙仲地方。牵牛的斋瓦们,来到诗丹木软地方;走过了卡胜克端地方,来到阿刚渊诗邦地方;走过了荣删都戛地方,来到勒龙腾官戛地方,来到依如枯地方;走过隐浪腾官都地方,来到乌干省瓦地方;走过了盆崩诗瓦地方,走过乌章开屯桥,来到了恩注登散地方。牵牛的斋瓦们,跨过吴苏切峡谷,走过了塔然莱南地方;越过塔芽扬坝,走过了迈东登萨地方,来到乌龙登牙地方;走过了恩龙真卡地方,来到彭干省瓦地方;翻过了彭干贡山,翻过坎道贡山,走过了鬼旺诗东地方。牵牛的斋瓦们,来到达荣肯荣地方;翻过了恩尊格东山,来到载如格列地方;翻过了载如格东城,来到帕然真康地方;走过了格东乌当地方,越过了孟东勒央坝;走过了木里拜盆洋地方,来到鬼占能达地方,走过了能仙达如地方。

　　牵牛的斋瓦们,渡过东邦格坎渡口,渡过了文里卡河;翻过了文里山,翻过了昔戛贡山,来到木章昔玛地方;翻过了直卡都侬达山,来到勒齐贡山;越过恩东苦地方,走过了恩东公地方;越过了肯直洋坝子,走过了能缅开屯桥。牵牛的斋瓦们,来到彭干南布地方;走过了彭干戛地方,来到恩龙格铺地方;走过了勒杂苦地方,来到达戛空仁地方;走过了达戛洛昆地方,渡过达戛河;走过了夏杂戛麻地方,来到高丽切地方;走过了刀弄泡夺地方。牵牛的斋瓦们,渡过昔马河,走过了背赞峨姜地方;渡过闻多格坎渡口,走过荣万切地方,来到荣万依达地方;走过诺浪戛地方,走过了盆都戛地方,来到杂博戛地方;翻过了找蒙崩山;翻过找蒙崩格东山,走过了营盘格定地方。牵牛的斋瓦们,渡过商顶卡河,走过了峨敢央地方;来到星里开屯桥,走过了德弄央地方;翻过卖包山,渡过了恩布卡河;翻过邦通木达山,渡过了诗雨卡河,来到伸然央地方,走过了巍马央地方;渡过恩泼河,终于回到了盆代央地方。

第六章 大地上的生活

一、取火

远古,大地上的人们,因为没有火,吃的是生米,嚼的是生肉。生米吃烦了,生肉嚼腻了,要想煮出饭,要想烤熟肉,就得去找火。为了找到火,每天天一黑,东边去找找,西边去看看,南边去找找,北边去看看。终于在一个晚上,看到遥远的地方,有一团火的亮光。可是天一亮,火光就消失了,也不知道在什么方向。

　　等到了晚上，人们又找到了火光，并记住了火光的方向是羌河那边的文浪石洞。火光找到了，火光的方向认准了，但不知道派谁去取回火。有两个叫戛昂拉若拜的年轻人，他们出来说："羌河那边的火光，我们去找，文浪石洞的火种，我们去取回来。"两个年轻人，从戛昂地方出发，找火光去了，取火种去了。翻过一座山，越过两个坝，火光还在远处，还没有走到羌河边；翻过三座山，越过四个坝，火光还在远处，还没有走到羌河边；翻过五座山，越过六个坝，火光还在远处，还没有走到羌河边；翻过七座山，越过八个坝，火光还在远处，还没有走到羌河边。

　　他俩翻过九座山，越过十个坝。来到羌河边，可是羌河没有桥。他俩砍来了木头，用木头和藤条，扎成了木筏。他们坐到木筏上开始渡羌河。左边划一下，冲过两重浪；右边划两下，冲过三重浪；左边划三下，冲过四重浪；右边划四下，冲过五重浪；左边划五下，冲过六重浪；右边划六下，冲过七重浪；左边划七下，冲过八重浪；右边划八下，冲过九重浪；左边划九下，冲过十重浪；右边划十下，冲到了河岸边。

　　两个年轻人，把木筏拴在江岸边，又向着文浪石洞不停地赶去。翻过一座坡，跨过两道坎，火光是看见了，但还不到文浪石洞；翻过三座坡，跨过四道坎，火光是看见了，但还不到文浪石洞；翻过五座坡，跨过六道坎，火光是看见了，但还不到文浪石洞；翻过七座坡，跨过八道坎，火光是看见了，但还不到文浪石洞；翻过九座岭，跨过十道坎，终于到了文浪石洞。

　　见到了文浪瓦统安木干老人。统安木干老人问："你们是谁呀，你们从哪里来，你们来做什么？"年轻人回答说："我们叫戛昂拉若拜，我们从戛昂地方来。大地上的人们没有火，吃的是生米，嚼的是生肉，生米吃烦了，生肉嚼腻了。爷爷呀，我们向你来讨火。"统安木干老人说："孩子们啊，你俩的名字，与我的不相称，与我的不相配，我给你们重新取一个名字吧，我的名字叫文浪瓦统安木干，你俩的名字就叫贡退瓦贡摊吧。孩子们啊，我这里的火，大地上的人们不能烧，大地上的人们不能用。人们用的火，早已埋到竹蓬下，早已藏到石头里。"

"我虽然不能给你们火种,但我能教你们取火的方法。孩子们呀,你们先告诉我,大地上有没有火艾绒,大地上有没有勒简竹,大地上有没有起火石?"年轻人回答说:"爷爷呀,我们生活的大地,有火艾绒,有勒简竹,也有起火石。"统安木干老人又问:"孩子们呀,大地上的人们中,有没有叫戛昂图弄的,有没有叫申然图贡的?"年轻人回答说:"爷爷呀,我们生活的大地,有叫戛昂图弄的,也有叫申然图贡的。"统安木干老人又说:"孩子们呀,既然在地上,有名字相称的,有名字相配的,等你们回到大地,就叫戛昂图弄和申然图贡,把火艾绒,夹到勒简竹片上擦,放到起火石上擦敲,就会得到大地上的人们用的火。"

　　两个年轻人,学到取火的方法,又从文浪石洞,返回大地。翻过第十座坡,跨过第九道坎,还没有见到羌河,还没有来到渡口;翻过第八座坡,跨过第七道坎,还没有见到羌河,还没有来到渡口;翻过第六座坡,跨过第五道坎,还没有见到羌河,还没有来到渡口;翻过第四座坡,跨过第三道坎,还没有见到羌河,还没有来到渡口;翻过第二座山,跨过第一道坎,见到羌河了,来到渡口了。

　　两个年轻人，解开木筏，坐到上面，又开始渡羌河。冲过一重浪，引来一群鱼；闯过两重浪，招来两群鱼；冲过三重浪，引来三群鱼；闯过四重浪，招来四群鱼；冲过五重浪，引来五群鱼；闯过六重浪，招来六群鱼；冲过七重浪，引来七群鱼；闯过八重浪，招来了八群鱼；冲过了九重浪，引来了九群鱼；闯过十重浪，来到了河岸边。

　　两个年轻人，走到河岸上，拴住木筏，又继续往回赶。翻过第十座山，越过第九个坝，带着取火的方法，越来越快了；翻过第八座山，越过第七个坝，带着取火的方法，越来越快了；翻过第六座山，越过第五个坝，带着取火的方法，越来越快了；翻过第四座山，越过第三个坝，带着取火的方法，越来越快了；翻过第二座山，越过第一个坝，带着取火的方法，回到了戛昂地方。

　　戛昂地方的人们问:"你们去了那么长,你们走了那么远,可找到了火光,可取回了火种?"年轻人回答说:"我们没有取回火种,但学到取火的方法。我们渡过了羌河,到了文浪石洞,见到了统安木干老人。他对我们说,他那里的火,大地上的人们不能用。大地上的人们用的火,早已埋在竹蓬下,早已藏在石头里。只要叫的名字相称,叫的名字相配,戛昂图弄和申然图贡,把火艾绒,夹到勒简竹片上擦,放到起火石上擦敲,就会得到大地上的人们用的火。"照两个年轻人学回来的方法,戛昂图弄和申然图贡,找来火艾绒,夹到勒简竹片上擦,放到起火石上擦敲,青烟冒起了,火苗升起了。

　　从此,大地上的人们有了火,不再吃生米,不再嚼生肉,男人的活更多了,女人的事更杂了。

二、找水

　　远古，大地上没有水，因为没有水，人口不兴旺，庄稼难生长。为了人口能兴旺，为了庄稼能生长，大地上的人们，开始到处找水了。从冬找到春，没有找到水。从春找到夏，还是不见水，直到找到秋，人们看到蟋蟀，不停地唱，不止地叫，就去问蟋蟀："蟋蟀呀，你们不停地唱，你们不止地叫，难道口不会渴，难道嗓子不会哑？"蟋蟀回答说："到了后半夜，天上降下雾，草尖掉下露，我们喝了雾露水，口就不会渴，嗓子就不会哑。这些雾露，在六层天下，凝结成水珠，像白色的银泡，你们去拿，你们去取吧。"

　　大地上的人们，为了取到天上的水，准备做一只神鹰，让它到天上去。大地上的人们，请来了热旺瓦松康木干，他看着芭蕉叶，开始做神鹰了，眼睛做好了，耳鼻齐全了；头脚做好了，翅膀爪子齐全了；心肝五脏做好了，羽毛长得丰满了，开努神鹰做成了。大地上的人们，又请来生命神松沛瓦勒蒙，给神鹰吹了一口气，神鹰有生命了，神鹰会说话了。

　　神鹰问人们说:"大地上的人们啊,你们让我做什么?"人们回答说:"开努神鹰呀,请你飞到天上,为大地上的生灵,取回天上的水。"神鹰又问道:"大地上的人们啊,等我取回天上的水,你们用什么报答我,你们用什么酬谢我?"人们回答说:"开努神鹰呀,等你取回了天上的水,大地上的鸟类,随便你吃,随便你挑。"大地上的鸟类,从此成了老鹰的吃食。神鹰离开大地,凭着强劲的翅膀,飞上了六层天,找到了天上的水,用嘴含着水,用爪捧着水,向大地返回,快回到地上时,水泼到了树梢上。大地上的人们问神鹰:"开努神鹰呀,你取回天上的水没有?"开努神鹰回答:"取是取回来了,只是还没回到大地时,水泼到了树梢了。"

　　大地上的人们,为了取到树梢上的水,准备做一只破脸狗,让他到树梢上去。大地上的人们,请来了热旺瓦松康木干,他看着自己的胳膊肘,开始做破脸狗了。眼睛做好了,耳鼻齐全了;头脚做好了,指甲齐全了;心肝五脏做好了,肢体齐全了,破脸狗做成了。大地上的人们,又请来生命神松沛瓦勒蒙,给破脸狗吹了一口气,破脸狗有生命了,破脸狗会说话了。破脸狗问人们:"大地上的人们啊,你们让我做什么?"人们回答:"破脸狗呀,请你爬上树梢,取回树梢上的水。"破脸狗又问道:"大地上的人们呀,我取回树梢上的水,你们用什么报答我,你们用什么酬谢我?"人们回答:"破脸狗呀,等你取回了树梢上的水,树上的果任你吃,树下的果任你挑。"大地上的果子,从此成了破脸狗的美味。破脸狗爬上树梢,找到了神鹰弄泼的水,用嘴含着水,用爪捧着水,返回大地上,快到地上时,水泼到了树根下,水钻进了石缝里。大地上的人们问破脸狗:"破脸狗呀,你取到树梢上的水没有?"破脸狗回答:"树梢上的水是取到了,快到大地时,水泼到树根下,水钻进了石缝里了。"

　　大地上的人们为了找到水,用农丁农苦树枝,到处去戳,到处去捣,没有找到水,农丁农苦树枝却活了,后来有农丁农苦的地方,就会有泉水;大地上的人们为了找到水,用芭蕉树杆,到处去戳,到处去捣,没有找到水,芭蕉树杆却活了,后来有芭蕉树的地方,就会有泉水;大地上的人们为了找到水,用藤篾枝到处戳,到处捣,没有找到水,藤篾枝却活了,后来,有藤篾枝的地方,就会有泉水;大地上的人们为了找到水,用更饶莪戞树枝到处戳,到处捣,没有找到水,更饶莪戞树枝却活了,后来,有更饶莪戞树的地方,就会有泉水;大地上的人们为了找到水,用更时莪夏树枝到处戳,到处捣,没有找到水,更时莪夏树枝却活了,后来,有更时莪夏树的地方,就会有泉水。

　　大地上的人们,为了找水,准备做一条乌藏鱼,让它钻进石缝去。大地上的人们.请来了热旺瓦松康木干,他看着自己的手指,开始做乌藏鱼,眼睛做好了,鱼头鱼尾齐全了;鱼鳃做好了,五脏齐全了,乌藏鱼做成了。大地上的人们,又请来生命神松沛瓦勒蒙,给鱼吹了一口气,鱼有生命了,鱼会说话了。乌藏鱼问人们说:"大地上的人们啊,你们让我做什么?"大地上的人们回答说:"乌藏鱼呀,请你钻进石缝,为我们引出水。"乌藏鱼钻进石头缝,找到了破脸狗打泼的水,可是它游在水里,再也不愿出来了。

　　大地上的人们，为了找到水，准备做一只螃蟹，让它钻进石缝。大地上的人们，请来了热旺瓦松康木干，他看着自己的巴掌，开始做螃蟹，眼睛做好了，螃蟹壳齐全了；蟹足做好了，五脏齐全了，螃蟹做成了。大地上的人们，又请来生命神松沛瓦勒蒙，给螃蟹吹了一口气，螃蟹有生命了，螃蟹会说话了。螃蟹问人们："大地上的人们呀，你们让我做什么？"大地上的人们说："螃蟹呀，请你钻到石缝，给我们引出水来。"螃蟹又说："大地上的人们呀，要让我钻进石缝，给你们引出水，先得有一只申拜果艳（知了），做我的照应伙伴。"大地上的人们，请来了热旺瓦松康木干，他看着自己的鼻子，开始做申拜果艳。眼睛做好了，头脚齐全了；翅膀做好了，肢体齐全了，申拜果艳做成了。大地上的人们，又请来生命神松沛瓦勒蒙，给申拜果艳吹了一口气，申拜果艳有生命了，申拜果艳会说话了。申拜果艳问人们："你们让我做什么？"人们回答说："申拜果艳呀，螃蟹要为我们引水，请你当它的照应伙伴。"申拜果艳对螃蟹说："螃蟹呀，等到了直通月（五月）、思安月（六月），你还引不出水来，我就告诉人们，你被水獭吃掉了。"螃蟹对申拜果艳说："申拜果艳，等到石木日月（七月）、贡诗月（八月），在出水的地方，还听不到你的声音，我就告诉人们，你被老鹰吃掉了。"申拜果艳爬上树干，等在树枝上，螃蟹钻进石洞，准备引水去了。到了直通月和思安月，螃蟹引出了清水。

　　到石木日月和贡诗月,申拜果艳在出水的地方唱起来了。树上的猴子,看见清清的水,没有祭水神就喝下了水,所以猴子的声音不好听;林子里的野猪,看见清清的水,没有祭水神就喝下了水,所以野猪的声音不好听;树上的知了,看见清清的水,没有祭水神就喝下了水,所以知了的声音不好听;洼子里的马鹿,看见清清的水,没有祭水神就喝下了水,所以马鹿的声音不好听;陡坡上的山驴,看见清清的水,没有祭水神就喝下了水,所以山驴的声音不好听;岩石上的岩羊,看见清清的水,没有祭水神就喝下了水,所以声音不好听;草地上的麂子,看见清清的水,没有祭水神就喝下了水,所以麂子的声音不好听。

大地上的人们，看见清清的水，人们便设起祭坛，摆上甜酒和鸡蛋，摆上糯米和牛肉，祭献万能的水神。人们有了水，长得漂亮了，声音好听了，人口兴旺了，庄稼生长了。

三、打刀

　　远古,大地上有了水,大地上的人们,为了把水引到远处,准备做引水槽,但是没有刀,人们准备先打刀。木托贡央和登萨勒刚,开始打木眼刀,开始造木眼矛。木眼刀打好了,木眼矛造好了,但木眼刀砍不深,木眼矛戳不成。把木眼刀称原始刀,丢进深谷,深谷里长出了给先叶,直到今天,人们跳目瑙舞时,还做一种标志。把木眼矛称原始长矛,丢在山坡上,那里长出了茅草,直到今天,人们把它用来盖房子。

　　热旺瓦松康木干在热旺岔路口,守着热旺铁矿坑,支起了铁砧,架好了风箱,开始打造热旺刀,热旺刀打好了,热旺刀真锋利;侬弄瓦省举在侬弄岔路口,守着侬弄铁矿坑,支起了铁砧,架好了风箱,开始打造侬弄刀,侬弄刀打好了,侬弄刀真锋利;木如瓦腊批在木如瓦岔路口,守着木如铁矿坑,支起了铁砧,架好了风箱,开始打造木如刀,木如刀打好了,木如刀真锋利;贡氏瓦都曼在贡氏岔路口,守着贡氏铁矿坑,支起了铁砧,架好了风箱,开始打造贡氏刀,贡氏刀打好了,贡氏刀真锋利。

　　掸当贡央在掸当岔路口,守着掸当铁矿坑,支起了铁砧,架好了风箱,开始打造掸当刀,掸当刀打好了,掸当刀真锋利;蚌景颇在蚌景颇岔路口,守着蚌景颇铁矿坑,支起了铁砧,架好了风箱,开始打造蚌景颇刀,蚌景颇刀打好了,蚌景颇刀真锋利;直黎瓦康康在直黎岔路口,守着直黎铁矿坑,支起了铁砧,架好了风箱,开始打造直黎刀,直黎刀打好了,直黎刀真锋利;蒙嫩瓦锐藏在蒙嫩岔路口,守着蒙嫩铁矿坑,支起了铁砧,架好了风箱,开始打造蒙嫩刀,蒙嫩刀打好了,蒙嫩刀真锋利。

　　缅瓦木干在缅岔路口,守着缅铁矿坑,支起了铁砧,架好了风箱,开始打造缅刀,缅刀打好了,缅刀真锋利;密瓦瓦汤瓦在密瓦岔路口,守着密瓦铁矿坑,支起了铁砧,架好了风箱,开始打造密瓦刀,密瓦刀打好了,密瓦刀真锋利;蒙岭蒙旁在蒙岭岔路口,守着蒙岭铁矿坑,支起了铁砧,架好了风箱,开始打造蒙岭刀,蒙岭刀打好了,蒙岭刀真锋利。

　　人们有了刀,但不知道怎样砍水槽,阿真能力拉,这边去看看,那边去瞧瞧,看见竹鼠咬断给先树,学会了砍竹子。人们学会了砍竹子,但不知道怎样破竹槽。阿真能力拉,这边去看看,那边去瞧瞧,看见了打卦叶,学会了破竹槽。人们学会了破竹槽,但不知道怎样支水槽。阿真能力拉,这边去看看,那边去瞧瞧,看见竹叶上有水清清流,学会了支水槽。人们学会了支水槽,但不知道怎样砍水筒。阿真能力拉,这边去看看,那边去瞧瞧,看见竹鼠咬断树枝,学会了砍水筒。人们学会了砍水筒,但不知道怎样通竹节。阿真能力拉,这边去看看,那边去瞧瞧,看见竹鼠通竹节,学会了通竹节。人们有了竹水筒,但不知道怎样接水。阿真能力拉,这边去看看,那边去瞧瞧。看见土蜂用嘴接水,用手捧水。人们学着土蜂,用双手捧水,走不远就会漏掉;人们用叶子接水,走不到家就泼光;人们用竹筒接水,水不会漏了,可以背到家了,从此人们学会接水了。人们有了刀,做出了水槽,可以把水引了,人们有了水筒,可以把水背到家了。

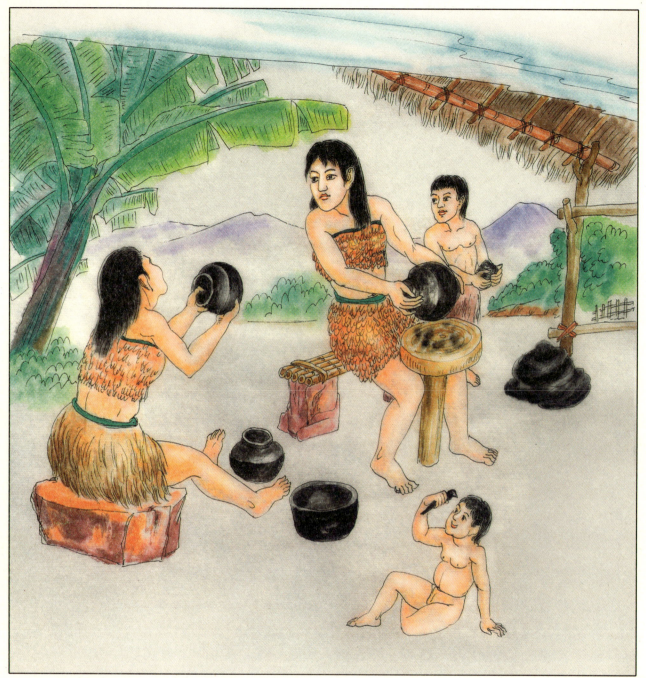

四、制造用具

　　远古,大地上的人们,没有煮饭锅,没有烧水罐。人们想做土锅,人们想捏土罐,但不知道哪里有黏土。能先努能年鸟,飞来对人们说:"大地上的人们啊,你们想做土锅,你们想捏土罐,你们需要的黏土,就在根诗河边。"大地上的人们,跟着能先努能年鸟,来到了根诗河边,找到了细细的黏土。大地上的人们,找到了黏土,但不知怎样做土锅,不知怎样捏土罐。阿真能力拉,这边去看看,那边去瞧瞧,见到资么果,学会了做土锅,学会了捏土罐。

　　土锅会做了，土罐会捏了，但不知道怎样掏土锅，不知道怎样掏土罐。阿真能力拉，这边去看看，那边去瞧瞧，看到路上的拐棍印，学会了掏土锅，学会了掏土罐。土锅做好了，土罐捏好了，但土锅不结实，土罐不牢固，把它称为原始土锅，扔到坝子上，缅族见了很喜欢，掸族见了真高兴，直到今天，土锅和土罐，还留在缅族和掸族家里。土锅不结实，土罐不牢固，人们又用石头，做出了石锅，打出了石罐，但石锅石罐太重了，人们又用铁和铜，做出了铁锅，打出了铜罐。

五、接谷子回大地

　　远古,大地上的谷子,外面没有壳,里面没有衣。大地上的人们,随心抓来吃,顺手扯来丢。谷子生气了,谷子伤心了,谷子离开了大地,到了太阳母亲那里。谷子离开大地后,因为没有吃的,大地上的猫狗饿得直哭喊。

  天上的太阳,听到狗和猫的哭喊,就劝谷子说:"孩子啊,你还是回去吧,如果不回去,大地上的人们,全都会饿死掉。"谷子回答说:"不是我不想回去,因为没有壳,大地上的人们,随便糟蹋我;因为没有衣,大地上的冷风,天天来吹我。"太阳给谷子穿上红衣,穿上白衣,再套上谷壳,又让其他谷类,做了谷子的朋友,送谷子回到了大地。大地上的人们,砍开森林,烧出谷地,这边种穿白衣的白谷,那边撒穿红衣的红谷。谷子发芽了,谷苗长齐了,谷子丰收了,为了报答狗和猫,每年的新米饭,狗和猫先尝。

六、盖房子

    远古,登空铺别拉和登空铺别木占,他们最先盖房子。登空铺别木占,用筒裙盖房顶,房宽筒裙窄,只够盖半边。登空铺别拉和登空铺别木占,又重新想办法,用芭蕉树做柱子,用空心树做房梁,用直八叶做篾子。芭蕉树做柱子,还没有竖就歪了;空心树做房梁,还没有架起就断了;直八叶做篾子,还没有扭紧就开了,他们的房子,还没有盖好就塌了。野猪看见塌屋,做了野猪的窝。

　　远古,梯木梯拉和梯木梯木占,又接着盖房子。梯木梯拉:"我要用遍山里的野菜,做出最好的饭菜,招待帮忙的客人。"梯木梯木占说;"我要割回满坡的茅草,晒干背回家,盖上房子顶。"梯木梯拉和梯木梯木占,开始盖房子。不会做斧子,思布乌拉枇鸟在半夜里飞来,教给他们做斧子的方法。梯木梯拉和梯木梯木占,开始盖房子,不会挖地基,来到草丛里,看见野猪在拱土,学会了挖地基。

　　梯木梯拉和梯木梯木占,开始盖房子。不会砍木料,来到树林里,看见竹鼠咬断树根,学会了砍木料;不会立楼柱,来到牛圈边,看见牛的四只脚,学会了立楼柱;不会做榔头.来到山林里,看见东西迷果,学会了做榔头;不会做楔子,来到水塘边,看见乌然乌藏鱼,学会了做楔子。

梯木梯拉和梯木梯木占,开始盖房子,不会甩槲头,来到牛圈边,看见牛甩尾巴,学会了甩槲头;不会削柱子,他们互相看着对方光滑的身子,学会了削柱子;不会砍叉口,他们互相看,看到对方的肩膀,学会了砍叉口;不会架屋梁,来到山林里,看到搭在树上的蛇,学会了架屋梁;不会铺茅草,来到牛圈边。看到牛的毛,学会了铺茅草;不会收屋顶,对着天上看,看见燕子尾,学会了收屋顶。从此,大地上的人们,学会了盖房子,有了房子住。

七、穿衣穿裤

远古,大地上的人们,上面不沾衣,下面不着裤,赤裸的身子,又灰又黄真难看。

　　潘格来遮能代,给人们棉花籽,人们把棉花籽撒到地上,棉花籽发芽了,棉花苗长高了,棉花可以收获了。棉花是有了,但不会收棉花,潘格来遮能代说:"大地上的人们呀,不会收棉花,就去看山垭口一团一团的白云。"照潘格来遮能代的话,人们来到垭口,看着一团一团的白云,学会了收棉花。

　　远古,大地上的人们,棉花是会收了,但不会做弹花弓。潘格来遮能代说:"大地上的人们呀,不会做弹花弓,就到竹蓬下,看那些弯下的竹梢。"照潘格来遮能代的话,人们来到竹蓬下,看着弯下的竹梢,学会了做弹花弓。

　　远古,大地上的人们,弹花弓是会做了,但不会弹棉花。潘格来遮能代说:"不会弹棉花,就到瀑布下,看翻起的水花。"照潘格来遮能代的话,人们来到瀑布下,看着翻起的水花学会了弹棉花。

　　远古,大地上的人们,棉花是会弹了,但不会穿捻线坨。潘格来遮能代说:"不会穿捻线坨,就去看落下的树枝,怎样穿过树叶。"照潘格来遮能代的话,人们看着落下的树枝,穿过树叶,学会了穿捻线坨。

　　远古,大地上的人们,捻线坨是会穿了,但不知道怎样捻线,潘格来遮能代说:"不会捻线,就到有蜘蛛的地方,看蜘蛛抽丝。"照潘格来遮能代的话,人们来到有蜘蛛的地方,看见蜘蛛抽丝,学会了捻线。

　　远古，大地上的人们，线是会捻了，但不会织布。潘格来遮能代说："不会织布，就到有蜘蛛的地方，看蜘蛛结网。"照潘格来遮能代的话，人们来到有蜘蛛的地方，看见蜘蛛结网，学会了织布。

　　远古,大地上的人们,布是会织了,但不会穿衣裤。潘格来遮能代说:"不会穿衣裤,就到竹蓬下,看裹着竹子的笋叶壳。"照潘格来遮能代的话,人们来到竹蓬下,看见裹着竹子的笋叶壳,学会了穿衣裤。

　　远古，大地上的人们，衣裤是会穿了，但不会剪头发。潘格来遮能代说："不会剪头发，就到草地上，去看杰旺菌。"照潘格来遮能代的话，人们来到草地上，看见杰旺菌，学会了剪头发。

　　远古,大地上的人们,头发是会剪了,但不会穿耳洞。潘格来遮能代说:"不会穿耳洞,就去看掉下的树枝,怎样穿过树叶。"照潘格来遮能代的话,人们看着掉下的树枝,穿过树叶,学会了穿耳洞。

　　远古，大地上的人们，耳洞是会穿了，但不会挽发髻。潘格来遮能代说："不会挽发髻，就到林子里，去看克夺乌蒙鸟的羽冠。"照潘格来遮能代的话，人们来到林子里，看着克夺乌蒙鸟的羽冠学会了挽发髻。从此，大地上的人们，有了衣裤穿，学会了打扮。

八、男人的手艺

远古,大地上的男人,不会做刀壳。潘格来遮能代说:"不会做刀壳,看裹着竹子的笋叶壳。"照潘格来遮能代的话,男人来到竹蓬下,看着笋叶壳学会了做刀壳。

　　远古,大地上的男人,刀壳是会做了,但不会做刀箍。潘格来遮能代说:"不会做刀箍,
就到林子里,去看莱章树上的白印。"照潘格来遮能代的话,男人来到林子里,看着莱章树
上的白印,学会了做刀箍。

　　远古,大地上的男人,刀箍是会做了,但不会编刀背带。潘格来遮能代说:"不会编刀背带,就到林子里,去看扭在一起的莱章树根。"照潘格来遮能代的话,男人来到林子里,看着扭在一起的莱章树根,学会了编刀背带。

　　远古,大地上的男人,刀背带是会编了,但不会绕刀背带。潘格来遮能代说:"不会绕刀背带,就到洼子里去看藤篾根。"照潘格来遮能代的话,男人来到洼子里,看着藤篾根,学会了绕刀背带。

　　远古,大地上的男人,刀背带是会绕了,但不会挎长刀。潘格来遮能代说:"不会挎
长刀,就到洼子里,去看藤篾爬树杈。"照潘格来遮能代的话,男人来到洼子里,看着藤篾
爬树杈,学会了挎长刀。

　　远古，大地上的男人，不会编篾篮，便学着编篾篮，先从篮口编，没有编出篾篮，又从篮底编，篾篮编好了。学会了编篾篮，又学着编篾笆。先从外面编，没有编出篾笆，又从里面编，篾笆编好了。学会了编篾笆，又学着编食盘。先从上面编，没有编出食盘，又从下面编，食盘编好了。学会了编食盘，又学着编篾帕。先从口子编，没有编出篾帕，又从底子编，篾帕编好了。

　　远古，大地上的男人，做出骚帕陶光，但不知怎样吹，先从口口吹，骚帕陶光不响，又从嘴嘴吹，骚帕陶光吹响了。有了骚帕陶光，又做出了勒荣桑比，但不知怎样吹，先从大处吹，勒荣桑比吹不响，又从小处吹，勒荣桑比响了。

九、女人出嫁

　　远古,大地上的人们,男人不会串女人,女人不会找男人。潘格来遮能代说:"大地上的人们啊,男人不会串女人,女人不会找男人,就去看天上的星星吧,每一个晚上,它们从东串到西,早上又回到东方来。"照潘格来遮能代的话,大地上的人们,看着天上的星星,男人会串女人了,女人会找男人了。

　　远古，男人不知道该娶亲，还是该女人出嫁。有一对兄妹，哥哥对妹妹说："妹妹呀，你留在家，让我出嫁吧。"哥哥出嫁时，挎上了长刀，还要带弓箭，带上了斧头，还要拿凿子，带上了犁，还要牵拉犁的牛。哥哥出嫁，要带的东西太多了，等的时间太长了，妹妹便对哥哥说："哥哥呀，你出嫁太慢了，还是让我出嫁吧。"妹妹说完，带上捻线就出嫁了。从此，大地上的人们，女人开始嫁男人。

附　录

景颇族目瑙纵歌节的来历
MANAU JAIWA CHYUM

Ka shalat ai:Manam Tong

Byan Ka ai: Lahto Du Zau Gyon

1. JAN SHINGBUT MANAU
（太阳宫目瑙）

Moi chyaloi chyahkoi prat hta,

Sumsing Lamu Lat sai,

Ginding Ga nai ngat sai；

Manau shadung gadai shong Jung?

Manau ningsing gadai shong ka?

Jan shingbut ga e Manau shadung shong Jung,

shata jan rot ai shara Manau shong nau。

Ja jan pru ai ginra,

Manau shadung Jung ton sai；

Ja jan pru ai shara,

Nau Wang Kum ton sai。

Manau madu gadai tai?

Manau magam gadai hprai?

Janwa Ningsang go:

　"Manau madu Ngai tai na,

Manau magam Ngai hprai na" da。

Manau Dumsa gadai tai?

Manau Hkin jong gadai jong?

Jan wa Ning chyang go:

　"Manau Dumsa Nsai tai na,

Manau Hkin jong Ngai jong na" nga。

Manau Jaiwa gaidai tai?

Manau Jaiwa gadai wa?

Hpo Gam Du chyinghta go:

　"Manau Jaiwa Ngai tai na,

Manau Jaiwa Ngai wa" da。

Manau Naushong gadai tai?

Manau Ningshong gadai sho?

Matso chyi shing ra go:

　"Manau Naushong Ngai tai na,

Manau Ninglshong Ngai tai na" nga。

Manau Naupa gadai tai?

Naupa ning shong gadai not?

Matso wa Maulam go:

　"Manau Naupa Ngai pa na,

Naupa ning shong Ngai not na" da。

Manau Wang gadai shara?

Manau Wang gadai shatsom?

Manau hkinra gadai gon?

Matso hkin wan No manu go:

　"Manau wang ngai monna,

Manau wang ngai ye na,

Manau hkinra Ngai gon na" nga。

Manau chyaru gadai gon?

Manau hpareng gadai tai?

Mado zahka go:

　"Manau chyaru Ngai gon na,

Manau hpareng Ngai tai na" da。

Manau shadung tsom sai,
Manau Nauwang san sai;
Manau Lamang hkum sai,
Galo jahkum lam ni gu sai;
Lamu sumsing Jan shingbut Manau,
Nau po hpohpang na sha rai sai。

Hpan galai chye ning dai,
Manau ninghtan magam hpe
 "Nan hte a Manau,
Hpa hpe jo jau?
Ji woi masha hpe go hpa jo" nga ?

Matso Ji nat jo jau sai,
Ning tsang Gumhpro Nat hpe kung ton sai;
Matso ningtsang ga na Manau,
Dam lada ai Jan hting nu ko,
Hkik pong ai hte manau nga sai。

Shong e go Nau shong,
Hpang e go Nau pa;
Ka ai ni go not she rai,
Hkon ai ni go breng she nga;
Lamu ning tsang ga na manau,
Ka manot ai ni oh lo,
Hkon ai ni grau pyo。

Manau dum ngut ai hpang,
Manau madu ni grau sut su sai,
Manau hpareng hpajau ni grau lu sai。

2. U MANAU（鸟类目瑙）

Moi chyaloi chyahkoi pra hta,
U myin sumhpa ni Jan manau wa shang,
Gin ding ga de bai nhtang wa yang;
Hkrang sing yang hku ko wa du,
Dai shara ko chyaga hpun gaba langai tu,
Chyaga si ni myin at nga la sai；
Umyin sumhpa wa mu sai,
shan hte go grai jom gabu ai hkrai。

Chyani ngyen U go:
 "Ndai daram mu ai chyaga si hpe,
Anhte jom majo da let,
Agatsi sha jom di sha kau ga" nga。
Shakai U go:
 "N dai daram mu ai chyaga si hpe,
Anhte hkrai nmai sha kau ai,
U myin sunhpa yong hpe shaga la nhtom,
Jom di sha yang she mai ai" da。

Shingdu U tsun ai:
 "Ndai daram tsom ai chyaga si hpe,
Dai zon sha kau yang,
Grai lahpot mat na;
Jan shingbut ga na manau hpe sharin la let,
Umyin sumhpa yong hpe so shaga la nna,
Umanau galang mi jom manau let,
Gabu gara rai jom ka jom sha yang she grau
ai" da。

Umyin sum hpa yong go,
Shing du U tsun ai hpe jom myit hkrum masai;
Umyin sumhpa yong hpe shaga la masai,
Chyaga hpun makau yang,
U manau nau na hkem bang wa masai。

Gadai manau madu tai?
Gadai manau hpareng tai?
Shing du u go:
 "U manau madu Ngai tai,
Umanau hpareng Nga she tai" nga。

Manau Jai wa gadai tai?
Manau Jaiwa gadai wa?
Uhkring go:
 "Manau Jaiwa Ngai tai,
Manau Jaiwa Ngai wa" da。
（Dai hte maren,ya dai ni du hkra Uhkring go:
 "Oh……Oh sadau ri" nga ngoi nga u ai。）

Manau Dumsa gadai tai?
Dum sa kung ton gacdai tsun?

Chyang ngau U go:
 "Manau Dumsa Ngai tai,
Dumsa kungton Ngai tsun" nga。
 （Ya dai ni du hkra,Chyang ngau U go:
 "Chyang au……Chyang au" nga ngoi
dingngam。）

Nga Wa gadai sat?
Tsa chyaru gadai gon?
Ding hko U go:
 "Nga Wa ngai sat ,
Tsa chyaru ngai gon" da。
 （Ya dai ni du hkra,Dinghko U go:
Hko hko,Hko hko" nga ngoi nga。）

Manau Nau shong gadai tai?
Ning shong Manau gadai sho?
Ugo hkong rang go:
 "Manau Nau shong ngai tai na,
Ning shong Manau ngai sho na" da。
Ugo Hkong rang a bo nau gaba,
Umyin ma ni nhkom ra,
Ugo Hkong rang nsen nau gaba,
Umyin ma ni na gajong nna hprong pra wa。

Ugo Hkong rang naushong ntai lu,
Ning shong manau nshong lu,
Ugo Hkong rang Manau hpareng hpe:
 "Nau shong nlu shong na rai yang,
Ning shong nlu sho na rai dim,
Ngai a bo hkrang go shong sho ra" nga。
 （Dai rai,Ugo Hkong rang a bo hkrang
galo sama la nna Nau shong ni a bo e gup
rai Nau shong shong ai htung hking masa
dai ni du masat masing nga。）

Naushong gadai shong?
Manau ning shong gadai shot?
Utong U go:
 "Nau shong ngai shong na,
Manau ning shong ngai sho na" da。

Naupa gadai pa?

Nau sot gadai sot?
Lanung sinwa hte sumai ying U go:
 "An go Nau pa shong woi pa,
An go Nausot shong woi sot" nga。

Nau wang gadoi shara?
Nau wang gadai shatsom?
Chyabengbye U go:
 "Nau wang ngai sa shara,
Nau wang ngai sa shatsom" da。

Makyep tsa hku gadai gon?
Makyep tsa hku gadai jau?
Hong seng U go:
 "Makyep tsahku ngai gon,
Makyep tsahku ngai jau" nga。
 （Dai hte maren,Hong seng U go:
ya dai ni du hkra "Seng seng" nga ngoi。）

Gadai Jep gon shadut na?
Gadai Mu gon hparan na?
Chying ling U go:
 "Ngai Jep gon shadut na,
Ngai Mu gon hparan na " da。
 （Shing rai,Chying ling U go:ya dai ni
du hkra "Ding ding 、Ding ding" nga ngoi。）

Gadai htuk garan na?
Gadai gam shapra na?
Sumshi Mali shi U go:
 "Ngai htuk garan na,
Ngai gam shapra na" da。
 （Dai rai, ya daini du hkra,sum shi
mali shi U go "Sumshi mali shi" nga ngoi。）

Wan gadai wut?
Shat gadai shadu?
Nji chyaroi U go:
 "Ngai wan wut na,
Ngai shat shadu na" nga。
 （Ya dai ni du hkra,Nji chyaroi U go:
 "Lau di mu 、lan di mu" nga ngoi。）

Hka gadai ja?
Hpun gadai hta?
Hkumshi U Gum go:
  "Ngai Hka ja na,
Ngai Hpun hta na" da。
 (Dai rai,Hkumshi U gum go:"Nhkum、
Nhkum" nga ngoi nga。)

Tsa chyabu gadai tun?
Matsi gadai htu?
Hpun ya jung U go:
  "Tsa chyabu ngai tun,
Matsi ngai htu na" nga。
 (shing rai, Hpun ya jung U go,Ya
dai ni du:"Bubu、bubu" nga ngoi。)

Mam go gadai htu ?
N-gu go gadai gatsap?
Nmai Mam htu Ugo:
  "Mam go ngai htu,
N-gu go ngai katsap" da。
(shing rai,Nmai mamhtu U go,ya daini du hkra "yoi
si lu、Yoi sa lo" nga ngoi nga。)

Nau wang gadai ye?
Nau ra galai shachyip?
Hpozung sunli U go:
  "Nau wang ngai ye,
Nau ra ngai shachyip" nga。

Naura Paza gadai gon?
Naura Poza gadai ru?
Lihkoi Li U go:
  "paza ngai gon,
Paza ngai ru" da。

Ra ang ai yong kkum sai,
Galo ra ai yong galo sai;
Hpun lakuug hte Manau shadung galo,
Hpum lakying hte shadung ngauda ginshi shatai,
Hpun lakung lakying hpe nau ra shatai;
Umyin sunhpa yong ka manot nga sai,

Umyin sumhpa yong mahkon garu nga sai;
Umyin sunhpa yong kabu sai,
Umyin sumhpa yong Oh lo sai。

Dai aten mayang hta,
Sutwa madu hte ninghkong jaiwa Gumtung Tu hkra,
Chyaga si hpun npot e du sa,
Umanau hpe sa mu,
Shan go jom yu mau rai:
  "Hpun ndung e go Hpa wa jom garu"?

Hpun ndung na Umyin sun hpa go:
  "Anhte Jan shingbut ga na manau wa lom,
Nhtang yu wa yang Chyaga Si min ai wa mu,
Gabu hkalum ai majo,
Jan ga na Manau hkrang wa sho,
Lamang lam wa jom maram" nga。

Sut wa madu:
  "Hpun ndung e manau wa nau,
Hpareng go gadai tai?"
Hpun na U ni:
  "Hpareng go Shing du U";
Shing du U bai san:
  "Hpun pot de shaga ai go gadai rai?"
Hpun pot na htan ai go:
  "Mahto la ni,
Hpun ndung na go shing du U,
Hpun npot na go Sut wa madu;
Amying wa mi hkrum sai,
Shing teng wa mung rum sai lo" nga。

Hpun pot de na bai san:
  "Hpun de manau jaiwa gadai wa?"
Hpun ndung de na:
  "Hpun na manau Jai wa go,
Ning Oh Ura wa;"
Hpun de na bai san:
  "Hpun pot de na gadai la?"
Hpun pot de na htan ai:
  "Madat maram la su:
Ntsa na Manau Jai wa go Ning Oh Ura,
Ga de na manau jai wa go Gumtung Tu hkra;

Shing teng Amying hkrum sai,
Shing teng Amying rum sai;
Ga de na shing gyim masha ni mung,
Shing gyim manau nau sana" nga。

3. SHINGGYIM MANAU
（人类目瑙纵歌）

Moi prat,
Sut wa madu hte Dan jan hkinnu,
Chyaga hpun gata e,
Umyin sumhpa ni a manau sa mu,
Umanau a hking htong yu nna,
Shinggyim manau nau sai da。

Sut wa madu hte Dan jan hkinnu,
Shan hte nau ai mamau,
Shaning nnan shata 1 a shagong;
Madai Jaiwa wa ai lu sai,
Nat jo kung ton mung du sai;
Jo jau hkin jong du sai,
Tsa chyaru hpun lum du sai,
Mam htu shayi du sai,
Mam katsap nu num mung gu sai.

Manau shadung jung sai,
Manau nauwang hpo sai;
Nau ra chying sai,
Jo jau shara lom sai;
Galu ram ai Achying mung dum sai,
Din din ram ai Bau gaba mung dum sai；
Sut wa madu hte Dan jan hkinnu,
Shan hte nau ai manau,
Hkik pong nna pyo sai。

Manau nau ai hpang,
Sut wa madu hte Dan jan hkinnu;
Mam hpro n−gu sha nma,
Mam hkye lu ai bun zon gong;
U wa hti nma,
Nga gum ra shagong ding hpring;
Ja gumhpro chying hka hpo sai,
Shu sha mayat maya gumhpra sai.

Moi prat,
Daru zinli hte mayang chyinghti;
Sut wa madu hte Dan jan hkin nu,
Manau nau ai mu;
Shan hte a htau chtyi hpe dagro rai,
Manau manau na da。

Daru chying li hte magam chyinyhti,
Shan hte manau manau ai hkringhtong,
Manau jaiwa lu sai,
Kung ton ton ai du sai;
Hkin jong hkinwa lu sai,
Tsa chyaru hpunlum lu sai;
Mamhtu shayi lu sai,
Man katsap nu num ni du sai。

Manau shadung sharot sai,
Manau shingwang shatsom sai;
Nauwang chying sai,
Jo jau hkin ra masat sai;
Galu ram ai Manau chying ngoi sai,
Gaba ram ai Abau dum sai；
Daru chyingli hte magam chyinghti,
hkingpong ai hte pyo ngon sai。

Manau dum ai hpang,
Daru chyingli hte Magam chyinghti;
Mamhpro n− gu sha n ma,
Mam hkye lu ai bum zon gong;
Uwa lo in hti ndang,
Nga Gumra prang ai Bum ting yan;
Ja gumhpro chuying hka hpo da sai,
Shu sha mayat lo she lo wa。

Moi prat,
Mahto kum yang hte dingsa lagang;
Daru ckyingli hte magam chyinghti a mamau hpe mu;
Shan mung tut nong manau nau na da;
Shan mung tut e htauchyi sharin la nna,
Manau ding ngam dum na da。

218

Mahto kum yang hte Ding sa lagang,
Shan hte dum ai manau mung,
Shaning nnan shata l shagong e da；
Mamau Jai wa lu sai,
Kung ton Dumsa du sai；
Jo jau hkin jong lu sai,
Tsa chyaru hpunlum du sai；
Mam htu shayi lu sai,
Mam katsap Nunum ni du sai.

Manau shadung jung sai,
Manau nauwang tsom sai；
Nau ra chying sai,
Jo jau hkin jang mon ton sai；
Ram rau galu ai Manau chying dum sai,
Ram rau gaba ai Manau Bau mung ngoi sai,
Mahto kum yang hte Dingsa Lagang,
sham hte woi dum ai Manau,
Hkik pong ai hte wunli lu masai。

Manau dum ai hpang,
Mahto kum yang hte Ding sa lagang,
Mamhpro n- gu sha nma,
Mamhkye nbo Bum zon gong；
Uwa hti ndang,
Nga gunra hti nma；
Ja gumhpro clnying hka hpo ton sai,
Shu sha mayat ai mung lo she lo。

Moi prat,
Wahkyet Singgong magam hteMagong kabang
majan：
Mahto kum yang hte Ding sa lagang,
Woi manau ai Manau hpe mu；
Shan hte a hkringhtong hpe yu nna,
Manau dum na da。

Sing gong magam wa hte kabang majan,
Shan hte woi dum ai Manau，
Shaning nnan shata 1 shagong e da；

Manau Jai wa lu sai,
Manau dum sa du sai；
Jo jau hkin ra hkyem da sai，
Tsa chyaru hpun lum du sai；
Mam htu shayi gu sai,
N-gu katsap nu num ni mung gu sai。

Manau shadung Jung sai,
Manau hking rai hkum sai；
Ram rau Manau chying dum sai,
Ram rau Manau Bau mung ngoi sai；
Wahkyet wa Sing gong magam hte Magong kabang
majan；
shan hte woi dum ai Manau,
Hkik pong nna pyo dik sai。

Manau nau ai hpang,
Wahkyet wa hte kabang majan：
Mam hpro n- gu sha nma,
Mam hkye nsi naisi Bum zon gong；
U wa lo in ndo npan hpring,
Nga gumra lo in mare shagong prang；
Ja gumhpro chyinghka hpo da sai,
Mayat maya lam nmo dam lada sai。

"Chying hpo masha" shing gyim yang,
Ga ang shing ra "pong yong" Manau Du；
"Jum hpo masha" "Jan shata ga" e nga pra,
"Ja wa rum Ja" sut manau woi nau；
"Majoi shing ra" jiwoi ni nga pra gin ra。

"Madai" jo jau Du magam Manau,
Ji wa ni a htauchyi dagro nna dum lai wa；
Wa hkyet ga na Manau grin lai wa,
Ning ran ga na kumran Manau ring ja lo；
Ya prat manau Mung kan ting gumhkong nga。

2016.10.1. 芒市

后 记

  当我打开景颇族创世史诗《目瑙斋瓦》时，被书中的内容深深吸引，思想的大门打开并连接到历史时空里，亦真亦幻的内容情节塑造构建画面闪现，《目瑙斋瓦》的确是一本可以入画的书籍。细细读几遍，在脑海中大致定格了创作思路，因时间太短，白天黑夜加班，用了差不多半年的时间，总算绘制完成。《目瑙斋瓦》场面宏大，内容丰富，因时间限制，画面只能精简再精简，不能更细的体现故事的原本风貌，可以说还是有点遗憾。有欠妥的地方，希望观者给予指正。本画册在绘制之初，得到了李向前先生和其他几位景颇族专家的点评，得到了德宏州文化馆和艺术研究所领导的大力支持，本人在此深深表示感谢。最后希望看过此书的读者，通过此书能更多了解景颇族的传统文化，并热爱我们中华民族的历史文化。

曹开宝